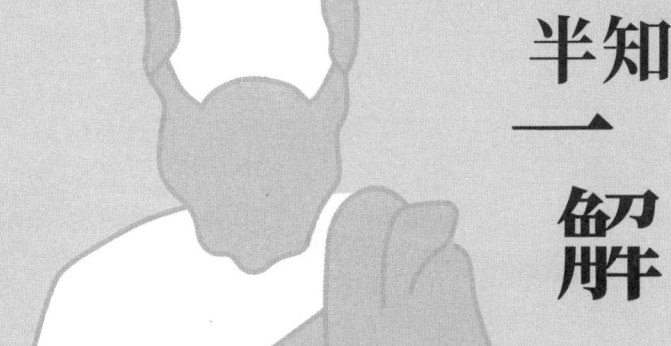

半知一解

孟云剑 著

世界经典趣味哲学

文汇出版社

目　录

序言　记住自己／ 1
前言　神秘之——人／ 1

楔子／ 1

第一章　故乡弗涅尔／ 3
　　一、弗涅尔河里的怪人／ 5
　　二、我是我，又不是我／ 16

第二章　古老的铁匠铺／ 23
　　一、铁匠铺里的数字之美／ 25
　　二、数字与艺术／ 36

第三章　少女谢洛丝／ 41
　　一、弗涅尔水果节／ 43
　　二、归来，落霞山／ 52

三、葡萄架下／ 59
　　四、海丽的微笑／ 65

第四章　真相？假象？／ 77
　　一、为何而战／ 79
　　二、"善"是未知／ 90
　　三、前世＝今生／ 97
　　四、回到光之中／ 107

第五章　真象？假相？／ 113
　　一、何时能醒？／ 115
　　二、钓上来的是鱼吗？／ 123
　　三、并没有看上去那么完美／ 132
　　四、不要高兴得太早／ 141
　　五、只能看见自己想看见的／ 153

第六章　语言的栖息地／ 163
　　一、玫瑰岛上的女孩／ 165
　　二、语言，我的世界／ 179
　　三、栖息在外／ 188

第七章　漂浮的心灵／ 207
　　一、有缘——"看林人"／ 209
　　二、畅谈——林中地／ 221

三、归途——路尽头 / 227
   四、欢乐——回故乡 / 234

第八章 "骗人"的科学之光 / 243
   一、墙上挂着的,真的是艺术品? / 245
   二、找不到避风港,真的要离开? / 254
   三、"太虚幻境"的秘密,真的是欺骗? / 264

尾声　就在身边 / 274
后记　方法及其他 / 276
再版记 / 278
人名索引 / 280

序言　记住自己

> 能嘲笑哲学，
> 这才真是哲学思维。
>
> ——帕斯卡

当一个人开始反思自己，开始思考自己的存在以及自己与外在世界的关系时，他就开始了哲学思考。

哲学并不属于哲学家，你我也能思考玄而又玄的问题，有时甚至比他们更"离谱"。这个道理很简单，每个人都能唱歌，虽然可能五音不全，可是要唱得好听、悦耳就是另一回事了。所以，我们都可以展开哲学思考，但不要轻易地以为每一个思考都自然地是哲学的、玄妙的，其实大多数的时候，包括哲学家，人们的思考并不总是哲学的。

匆匆几十年的人生，当回首时往往令自己感到惊奇，因为很难记起曾经活过，庄子就说了，"人生天地之间，若白驹之过隙，忽然而已"。

想让别人记住你就更难了,一位诺贝尔文学奖获得者曾在自己的颁奖致辞里说道:"人注定是孤独的,因为人终将孤独地死去。"诚然,这个说法本身并没什么错,不过,孤独其实是件很玄妙的事,往往是一个人离别人而去时,自己感觉不到,而当别人离去时,感觉会很强烈。其实这两种状态是一样的,只是感受的角度不同而已,换句话说,当所有的人都离你而去时,你仍然可以不孤独。因为我们可以回归自己的内心,找到真实的自己。

记住曾经存在的自己,他是永远不会背弃你的,无论在何时何地。

并不是你经历的每时每刻都值得记忆,就像人不会每时每刻都在进行哲学思考一样。可能会有人奇怪,"人生都已经如白驹过隙"了,还进行什么哲学思考?

回答是:有限的记忆如何才能记住自己的一生,才能让"自己"永不离弃自己,这种方法就是哲学。

哲学其实有一个大秘密:那些深奥的、玄妙的、不可思议的、令人头疼的哲学问题并不是哲学的真面目,也不是哲学的全部,而这些就是把我们拒之"哲学"门外的"门槛"。当我们终于从门缝中看见里面的秘密时,我们发现这个"门槛"不过是一个假相,因为哲学不是,或者说不仅仅是"问题",而是一种思考方式。

你不妨从现在开始,回忆一下你记忆最深的"你",看看你能否知道自己是谁!

前言　神秘之——人

> 凡物之然也,必有故;
> 而不知其故,虽知与不知同。
>
> ——《吕氏春秋》

人是一个奇特的东西,最初人不承认人类的动物性,就连自己所处的地球也一定要是宇宙的中心,可是后来发现不是这样的,于是退了一步,说人类是世界(地球)万物的主宰,结果又发现也许人类也是有来历的,这个来历很可能显示出人类起源于动物。这个结果很可怕,因为人可能从此没有了以往的崇高尊严。

不过最奇妙的是——人有记忆。有了记忆,人类的知识得到了积累,人类的历史得以记载,人类可以不断发展,人类才得以快乐和痛苦……

人的一生有时也显得很神秘。小时候我们热爱思考,喜欢问一些"世界从何而来""人是如何来到这个世界的""天上的云彩是什么"之类的问题,而这些问题恰好是人类初期在思考的问题;然后,我们学习各种知识,不断成长,慢慢地,想得更多的是"这些知识是从何而来的"、"人是如何知道这些事情的"、"我如何才能认识这个世界"这类问题;再然后,就发现这些问题都是多余的,存在的只是语言,这些问题不过是语言的某种组合形式而已;最后才发现,我们对于自身是如此的陌生,对于人类自己的历史是如此的陌生,对于这个世界是如此的陌生……就像一位老者,他能看出身边流光溢彩的繁华中的虚幻和一丝真意。

人的一生就像人类的思想史一样,显得有些神秘。

虽然我们无法选择自己的存在,但却可以选择自己将成为一个什么样的人——我们可以选择自己的本质。

楔　　子

　　一个细微的光点"飘浮"在空气中,如果不细心几乎无法发现,即便是摁下按钮的老塔维特也要紧紧地盯着。

　　光点逐渐沿着垂直地面的平面展开,很快就变得像是一帘美丽的"水幕","水幕"里影影绰绰的仿佛显出了人影来,然后是房舍、树木、山石、高大的城墙……一个世界正在孕育之中。渐渐地,"水幕"覆盖了整个视线,老塔维特面前的花园竟成了一座雄伟壮丽的城堡。

　　可爱的小狗多多冲着城门边的一只小花狗叫着跑过去了,老塔维特看着多多跑进"水幕"之中,竟真的走到小花狗边上嬉戏起来,心满意足的笑容爬上了嘴角。

第一章
故乡弗涅尔

一、弗涅尔河里的怪人

> 我们踏进又踏不进同一条河,
> 我们存在又不存在。
>
> ——赫拉克利特

谢洛德·麦卡纳利轻手轻脚地走到河边,生怕惊动了欢快游弋着的鱼儿们,轻轻地将鱼钩放入河水中。

清澈的河水,可以看见里面游泳的鱼,一条形状怪异的鱼游到了鱼钩边,谢洛德激动地抓着鱼竿,上钩了,但他的手却一软,哗的一声,鱼儿翻身激起的水花溅了谢洛德一身,他急忙站起身,一不小心脚底踩滑了……

"哎哟……",谢洛德一下从床上坐了起来,擦了擦满头的大汗,"多美的梦,偏偏要掉进水里。"

电话铃响了,是谢洛德的爷爷想让谢洛德去他那里过暑假。可是谢洛德还给自己安排了很多假期任务,他一时难以决定,有点纠结。早饭后,谢洛德去附近的公园学梵语,这已经是他学的第八门语言了。

"嗨,你能不能少学几门语言,难道你想成为第二个上帝吗?"

谢洛德看见卡宾·塞林杰边向他走来边说。

两人走到树下,靠着树并肩坐在草地上。

卡宾的身子向下一滑,躺倒在草地上,眯着眼说:"真想出去散散心,整天闷在一个地方烦死了。哎,对了,你还记得几年前咱们一起去你爷爷家吗?那次玩得真开心,不知道现在是什么样子了?"

谢洛德又看看他,"不会吧,今天早上我爷爷刚打电话问我要不要去!你们就像是串通好的一样。"

卡宾一下坐了起来,"真的,这么巧!记得吗?我们爬到树上,轻风从脚底掠过,松鼠就在树枝上吃果子,还能听见不远处的流水声,河对面的烟囱里冒出袅袅的炊烟,啊……"

谢洛德静静地听着,忽然想起自己梦见的那条河,一股强烈的冲动似乎已经将他带到了弗涅尔的山山水水之中。

两天后,谢洛德和卡宾乘上了前往弗涅尔的磁悬浮列车,其实三千多公里的路也只是几个小时的行程而已。谢洛德和卡宾居然要等待六年才能故地重游,他们的生活之忙碌由此可见一斑了,可是就连他们自己一时也说不明白都在忙些什么!

谢洛德的爷爷老塔维特·麦卡纳利是一个传奇人物,这令慈爱的他又略显古怪。

第二天一早,谢洛德下楼时看见奶奶在忙着做早餐,"奶奶,你这么早就起来了。"

"噢,谢洛德,快下来吃饭,卡宾起来了没有?"

"他懒得很,不管他。"

奶奶说:"那可由不得他,我去叫他,你先吃吧。"

"爷爷呢?"

"出去了。"

吃完早饭,谢洛德和卡宾就沿着六年前走过的一条小路向村子南边走去。

他们又听见"哗哗"的河水声了,这个村子的名字就是由这条河而来——弗涅尔。他们走近河边,谢洛德又想起了来这儿之前的那个梦,他静静地看着清澈的河水。鱼儿们在欢快地游弋着。

"卡宾,我们该拿着钓鱼竿来。"

"明天吧,如果还想来的话。"

两人正说着话,隐约地听到从河的上游传来一个声音,卡宾听了一会儿,问谢洛德:"他说的好像是希腊语?"谢洛德说:"而且还是古希腊语。"

卡宾很好奇,"能听懂吗?"

"他好像在说:什么、什么……两次……我……一次也……"

他们互望了一眼,就沿着河边向上游走去。

一个人正站在水中,河水都到了他的腰部,可这人站得还挺稳的,嘴里念念叨叨地说着什么,谢洛德翻译道:"'我们不能两次踏进同一条河流',我就不信,难道现在的以弗所河不是昨天的以弗所河了吗?"

卡宾惊讶地看了一眼谢洛德,"这是怎么回事?"

谢洛德说:"那句话不是希腊哲学家赫拉克利特说的吗?这个人又是谁?想用实践来反驳老赫吗?"

卡宾咧嘴一笑说:"该不会是克拉底鲁吧!"

谢洛德差点没笑呛了，"那他大概有两千六百岁了。"

卡宾嘻嘻地笑着边喊道："喂，你是克拉底鲁吗？"

谢洛德拽了拽卡宾，"别闹了。"

那个人转头说了句什么，谢洛德翻译道："他问你说什么？"

卡宾急忙催促道："那你就翻译给他听。"

"真的翻？"

"当然。"

谢洛德对那人喊道："他问你是不是克拉底鲁？"

那个怪人大声地喊道："克拉底鲁？那小子比他的老师还气人，你们认识他吗？"

卡宾只能听懂大概，谢洛德奇怪地说："这个人像是真的认识他们。"

卡宾说："问问他是谁？"

谢洛德和那人说了一会儿，他把卡宾拽到一边，"他说他是克拉底鲁的邻居，还说自己现在就在伊奥尼亚的爱非斯城外的以弗所河里，他是来检验赫拉克利特的观点的。"

卡宾咽了口唾沫，"可是这样也无法检验呀，这些都是人的思想里的东西，他站到这儿，别人还是可以说那句'不能两次踏进同一条河流'的话呀。"

"没错，可是难道他在骗我们？"谢洛德一边说，一边把他的能同步翻译多种语言的耳机给卡宾戴上。

那个人居然走上岸来，坐在河边主动跟他们说起话来，"你们相信赫拉克利特说的话吗？噢，对了，你们是什么人？我怎么没见过。"

谢洛德说:"你到底是谁？我们也没见过你。"

那人看了看他俩,说:"你们是谁不重要,我是克拉底鲁的邻居,我叫桑切留斯。克拉底鲁——你们都知道吧？他是赫拉克利特的得意学生,可就是他,最爱惹自己的老师生气。"

谢洛德替卡宾翻译说:"你说的是不是克拉底鲁认为'人一次也不能踏进同一条河流'的事？"

桑切留斯看着卡宾说:"你说的是什么话？我怎么听不懂？看来这件事你们也听说过,他不光是一件两件事跟他的老师对着干,而是什么事都会比他的老师走得更远。"

谢洛德问桑切留斯:"什么叫走得更远？"

"我看你们也挺奇怪的,难道你们会认为赫拉克利特说的什么'河水不断在变,再来的时候已经不是原来的河了'这样的胡话会有道理吗？"

谢洛德说:"难道你觉得没道理？"

桑切留斯瞪着眼说:"当然没道理,我们家族几辈子都生活在这里,天天陪伴着这条河,难道你们的意思是这条河从来就不是它自己吗？"

谢洛德说:"赫拉克利特只是想说任何事物都会不断变化,当事物发生变化的时候,就不再是原来的东西了。难道你不承认河水在变化吗？"

"河水是在变化,但是我们要说的是'河',这条'河'有没有变化？河水不断地流,但是'河'还是同一条河。否则我们为什么一直叫它'以弗所河',而不是今天叫这个名字,明天叫那个名字？"

卡宾忍不住说:"这是两个问题,如果每时每刻都在更换名字,大家就没法谈论它了,我刚说'以弗所河',你就会问'哪个以弗所河'。大家只是用名字指称一个事物,这条河如果没有大的河道改线,时刻更换名字和固定一个名字有什么区别吗?"

等桑切留斯听完谢洛德的翻译,就对着卡宾说:"那为什么河道改线就要换名字?"

谢洛德接过来说:"不换也可以,只是大家就会说'以前以弗所河是从那边流走的,若干年前才改到这边了',你说呢卡宾?"

卡宾点点头:"没错,这其实是另外一个问题。还是先说克拉底鲁吧。"

桑切留斯说:"好,如果按照你们的道理,那克拉底鲁说的就更接近真理了。既然河水时时在变化,那么这条河就会时时都不是同一条河,所以克拉底鲁说的不是更正确吗?"

谢洛德说:"我们可没说谁的正确,他们只是强调了事物的不同性质而已。其实要说变化,我们不也是时时在变化吗?"

卡宾说:"赫拉克利特好像也说过类似的话。"

桑切留斯说:"经你们这样一说,我好像记起来了,赫拉克利特好像还说过什么'我们踏进又踏不进同一条河,我们存在又不存在',如果强调变化,的确是可以理解了,不过还是与我的观念不同,我很难接受。我总不能认为自己现在'存在又不存在'吧!那我是谁呀?!那你们又是谁呀?……哦,算了算了,哲学家只会把简单的事情搞复杂,到最后连自己是谁都搞不清了。我不跟你们说了,还要回去干活呢。"

谢洛德问道:"那你去哪儿?"

"回家呀,"桑切留斯指指南岸的几间屋子,"以后有时间再跟你们辩论吧。"

卡宾看看那几间屋子问谢洛德："他们怎么住的是现代的房子？"

谢洛德同样一脸茫然："我也不知道，但看他的衣服的确是很古老的样子。"

桑切留斯走了。

谢洛德和卡宾坐在河边，还在想一个以前没有想到的问题：刚才桑切留斯说的河水在变化，但"河"没有变呀，如果是这样，那么赫拉克利特说的话就有问题了，至少他的话里对"河"的解释或者定义还不明确，"河"与"河水"是一回事吗？

下午两人为了追一只野兔差点把腿跑断了，年轻真好，什么烦恼的事都会很快过去。

晚饭后，谢洛德想看电视，可是爷爷说："已经坏了好几年了。"

"那干什么呀？去睡觉吧。"

卡宾也有点疲倦地说："好吧。"

奶奶问道："你们今天都干什么去了？上午还没见怎么样呢，下午就累成这样了。"

卡宾说："我们在追兔子，就像芝诺说的似乎永远也追不上。"

奶奶又问："谁是芝诺？"

谢洛德说："他是古希腊的一个诡辩家，也许也是哲学家吧。"

奶奶不停地摇着手说："别说了，别说了，哲学家就够烦人的了，还是什么诡辩家。"说完瞟了瞟老塔维特。

这时卡宾忽然问道："爷爷，镇上有没有一个叫桑切留斯的人?"

"桑切留斯?他可不是我们镇上的人,他应该是古希腊时期与克拉底鲁一个时代的人吧。你怎么会问这个问题?"

谢洛德看看卡宾,转头告诉老塔维特:"我们今天见到他了!"

"什么?"老塔维特差点从椅子上跳起来,"你们说你们今天见到了桑切留斯?"

卡宾说:"是的,爷爷,我们还和他争论了一会儿问题呢。"

老塔维特非常纳闷又好奇地问:"争论问题?什么问题?是不是别人故意开的玩笑?"

谢洛德说:"但是那人说的都是古希腊语。"

老塔维特说:"既然你能学会,别人当然也可以说古希腊语。"

卡宾问老塔维特:"爷爷,你说有没有可能发生时空转移的事?"

老塔维特呵呵地笑着说,"我倒宁可相信是有人开玩笑。先给我说说你们争论的问题吧。"

等听完了,老塔维特点点头说:"原来是这样。"

谢洛德:"先不管这个桑切留斯到底是真是假,爷爷,你说我们想的问题有没有道理,'河水'与'河'还是有区别的。如果是这样,那赫拉克利特的说法就有问题了。"说完他还带着一丝兴奋,像是在挑战祖先们的智慧。

老塔维特问卡宾:"你说呢?"

卡宾说:"我也是这样想的,他说的是'同一条河'但变化的却是'河水'。"

老塔维特笑了一下,又问他俩:"如果先不考虑赫拉克利特说的变化,就按一般的想法,那你们说现在的弗涅尔河还是不是以前的以弗所河?"

他俩说:"如果不考虑变化,那还应该是一条河吧。"

谢洛德又想了一会儿接着说道:"但是至少在名称上改变了,如果我现在跟桑切留斯说这是'弗涅尔河',他一定不承认。"

卡宾说:"但是我们却会承认他说的'以弗所河',这是为什么?"

老塔维特说:"你们都很聪明,其实你们已经意识到了问题的所在。我们现在为什么会承认古人的说法,而相反,他们不会承认我们的说法?名称是什么?你们想想。"

"名称不就是人们给事物起的名字吗?"

老塔维特接着说道:"没错,名称是由人来起的,而不是事物固有的、与生俱来的,人们起的名称也只对人来说才有意义,所以'事物的名称'就具有一个特性:人为约定。'以弗所河'是当时人们约定俗成的名字,'弗涅尔河'是现在我们约定俗成的名字,因为我们知道古人给这条河起的名字并且认可它,所以我们就会说这条河曾经叫以弗所,现在叫弗涅尔。"

谢洛德又问道:"但这与刚才说的河水变化的事又有什么关系呢?"

老塔维特说:"既然名字只是一种约定,那么它的变化与否就只与人们的约定是否继续适用有关了,而与事物的变化没有必然的关系。"

卡宾有点明白了,"那就是说,河水虽然变化了,但是河的名字仍然可以不变,只要大家仍然接受这个称呼。"

谢洛德说:"也就是说,关于'同一条河'其实有不同的理解角度,大多数人都以河的名称为依据,所以无论河水怎样变化,在大家心目中始终还是同一条河;但赫拉克利特却发现了这里面的关系,所以他就说出了其中的道理。"

老塔维特说:"是呀,不变的只是河的名称,而河的真实内容——河水却是不停地变化着。"

谢洛德有点得意地说:"爷爷,为什么我们在课堂上不是这样学哲学的?其实这些道理也并不深奥嘛!"

卡宾说"在课堂上我们只能学到表面的知识,其实这里面包含的道理都不是很清楚,可是当遇到这些问题时又会自以为都懂了,反而不愿意再多想一想,结果还不如不学呢!"

"你们说得不错,但也不能完全怪别人,其实只要自己多思考,不要将知识当作是确定无疑的,也就是要抱着一颗开放的好学之心。"

谢洛德说:"可是我觉得说起来容易做起来可就难了。总不能什么都怀疑吧?"

"是呀,的确需要有人来指导你们,老师只是指导你们的一个因素,别忘了还有书,还有朋友,这些因素都能帮助你们进步。"

卡宾说:"其实我并不是很喜欢哲学,总觉得离自己很远。但是有时候又会觉得很多问题都跟它有关,这又是怎么回事?"

老塔维特说:"其实,现在的科技让人们获取知识性的信息非常便利,但是哲学更多的是一种思考方式,就是如何思考一个问题或者如何看待一切事物。简单点说吧,哲学就是人类用总的方法、总的思路来思考最根本的问题。人类的各种知识不断发展,内容不断增加,方法也变得更细致,慢慢地就从哲学里面分离出来成为单独的学科,因为内容实在太多,没有人能够掌握人类的全部知识。现在哲学也不是什么都研究了,但是有一点始终没变:那就是哲学思考的始终是最根本的问题,始终是人类思维的总方法。"

谢洛德还没忘记刚才的话题,"爷爷,那你说赫拉克利特的这句话教给我们什么东西呢?又反映了什么方法呢?他的学生克拉底鲁的观点又怎么解释呢?"

老塔维特点点头说:"问得很好,不过现在晚了,你们赶紧去睡觉,明天你们自己先来回答。"

二、我是我，又不是我

> 方生方死，方死方生。
>
> ——庄子

对于谢洛德和卡宾来说，第二天是否还记得昨天的问题似乎并不重要，因为他们一大早就跑出去玩了，只不过才来到弗涅尔三天，谢洛德的暑期计划安排就已被抛在脑后了。

下午的阳光突然变得热烈起来，好像要向皮肉里钻似的，谢洛德和卡宾只好躲在屋里翻书看。老塔维特戴着大草帽在后院忙着什么，一直到了午后，老塔维特才回到屋子里，靠在躺椅上，叼着烟斗，喝着茶水，优哉游哉。

谢洛德好奇地问老塔维特："爷爷，你在忙什么？还不让我们帮忙。"

"没什么，修点东西，你们也不懂，帮不上什么忙。昨天你们问的问题想出点眉目没有？"

卡宾说："什么问题？"

老塔维特怔了一下，"哎，不是你们问赫拉克利特教给你们什么，又揭示了什么方法吗？"

谢洛德说:"嘻嘻,爷爷,我还是不明白。什么是'存在又不存在'?"

卡宾说:"既然说事物不停地变化那就不可能存在,因为还没存在就已经变化了。"

谢洛德也说:"是呀,如果存在就不可能同时又不存在吧。虽然我们查了不少资料,但还是理解不了。"

老塔维特沉思着,"怎么才能将这个关系给你们说明白呢？也许赫拉克利特的说法不太好理解。"

过了一会儿,老塔维特说:"我先给你们讲一个故事。这个故事发生在古代的中国,有一个人叫张三,有一次他没钱了就去一家较富裕的邻居那儿借钱,好说歹说邻居李四把钱借给了他。到了张三答应还钱的日子,可是李四没见人来,又过了几天,李四实在等不下去了,就找到张三要钱。结果那个张三却说自己没借过李四的钱。"

卡宾说:"当时忘了让张三写借据了吧?"

"借据也写了,可是张三就是不承认。"

谢洛德奇怪地问道:"为什么张三这么不讲理？难道就没有政府法律吗?"

老塔维特说:"张三不是不讲理,他有自己的道理。当李四把他告到官府后,县令就审问张三,问他为什么赖账。可是张三说'昨天的我不是今天的我,因为我已经发生了变化,所以那个过去借李四的钱的张三不是现在的张三了,现在的我并没有借钱呀,过去的我借的钱为什么要现在的我来还'。县令想了想,对下属说'大刑伺候'。衙役(执法人员)二话不说,先将张三痛打一顿。张三挣扎着质问'凭什么打我'。县令说'我没打你呀',张三说'什么,难道你们刚才打的不是我吗'。县令说'没有啊,我打的是刚才的张三,又不是现在的张三,要告状也是过去的张三来告之前的县令呀,这和现在的我有什么关系'。然后县令又问李四'过去的张三已经挨了打,你看是再打打过去的张三惩罚一下,还是干脆就让过去的张三死了算了',这时张三是心惊肉跳,哪还敢赖账,慌忙说'大人,是我记错了,不是过去的我借的钱,是现在的我借的,我马上就还'。"

谢洛德说:"这个故事真有意思,故事里的张三就像克拉底鲁,可是这个县令也很聪明,居然想到'以其人之道还治其人之身'这一招。"

老塔维特说:"其实早在两千多年前的中国,就有一位叫庄子的古人说过类似的话,他说'方生方死,方死方生',我倒觉得比赫拉克利特说的'我们存在又不存在'显得更透彻一些。"

卡宾问道:"爷爷,你说的那句话我怎么听不懂,和我学的汉语怎么不一样呀。"

老塔维特说:"这是汉语里的古语,'方'是指刚刚的意思,'生'是泛指一切新事物的出现,'死'指一切事物的消亡。这句话的意思就是说,刚刚出现的事物其实就已经消亡了,而刚刚消亡的事物其实就已经有了新生了。"

谢洛德说:"爷爷,我还是不太明白,不过我觉得和赫拉克利特说的没什么大的区别呀,而且我觉得好像更接近克拉底鲁的说法了。"

卡宾也说:"是呀,不都是在讲存在的东西瞬间又变化成别的事物了。"

老塔维特说:"意思是比较接近的,但是'存在'是对事物状态的描述,是名词;而庄子的话里的'生、死'却兼具了名词和动词两个词性。你们仔细想想,赫拉克利特强调的是事物从一个状态变化到另一个状态,而庄子强调的却是事物在不停地变化着,甚至在语言中也能感受到这种变化从来就没有停止过。既然是变化,我觉得用动词来表述显然要比用名词来描述显得更接近事物本身。而克拉底鲁的说法换在这里就成了只有'死'没有'生'了,可是没有'生'又哪里会有'死'呢?"

谢洛德又说:"他们的确说出了事物是不停变化的,可是这又说明了什么呢?"

"其实这是一个很重要的思想,应该说是每个人都应该始终记住的一个道理:这个世界是永恒变化的;任何事物都是相对存在的。没有对立物的存在就没有自身的存在。"

谢洛德似乎有点明白了,"没有生自然就没有死,如果一个事物从来没有出现过,那么当然也就没有消失的问题了。"

卡宾想了一会儿说:"难道说一个人刚一出生就已经死了吗?"

老塔维特笑笑说:"一个生命的诞生难道不是与过去的决裂吗?过去难道不是已经'死'了吗?一个事物的出现总是以另外一件事物的消亡为开始的,或者说它们本来就是一回事,只是看待它们的角度不同罢了。就好像你们假期开始的那一刻不也同时是学期结束的时刻吗?"

卡宾说:"可我还是看不出克拉底鲁与庄子的区别。"

谢洛德说:"还是有些不一样的地方,克拉底鲁只强调了事物的变化,没有说出相互对立的事物之间的关系。"

老塔维特说:"没错,克拉底鲁的观点只强调了一面,如果是那样,就没有事物可以存在了。"

谢洛德又问道:"可是赫拉克利特他们的话里又包含着什么方法呢?"

老塔维特说:"这种方法被后来的德国哲学家黑格尔发展得比

较完善,被称为辩证法。"

这时老塔维特夫人正好经过客厅,"又在讲什么辩证法了,你们两个别听爷爷讲课了,假期也不让人休息。"

谢洛德说:"奶奶,你是不是都知道了?"

"我才不想知道呢!"

老塔维特自顾自地说:"只是古人们说的都是辩证法的具体例子而已,还没有总结成方法,所以可以说是朴素的辩证法,而黑格尔的辩证法就可以说是精致的辩证法了。"

谢洛德很想知道辩证法是什么样子,可是这一定很难懂吧,虽然自己在学校学过,可是从来就是似懂非懂的。

"黑格尔的辩证法不太容易懂,"爷爷接着说道,"不过也可以简单点说,辩证法是一个否定之否定的过程,它包括正题、反题、合题。"

"什么是正题、反题、合题?"

"正题就是对一事物的肯定,反题就是否定,而合题就是对否定的否定。黑格尔的著作中始终贯穿着这三个概念,它们之间的循环就构成了辩证的过程。举个小例子,一粒种子如果是正题,那么发芽就是反题,是对种子的否定,而枝叶茂盛、结出新的种子就是合题,是对芽的否定,这样就完成了从种子到成长为枝叶又结出种子的过程。也就是说,一个事物的出现总是通过否定以往的事物而实现的,这种否定就是事物发展的本性。"

卡宾看了看谢洛德,"你不是喜欢经济学吗?从中又想到点什么吗?"

老塔维特看看自己的老伴,"你们自己去思考吧,我知道的就这么多了。"伸个懒腰,自言自语,"去看看我的小红马。"

晚上谢洛德和卡宾边下棋边聊天,谢洛德说:"说起这两天遇到的事和爷爷的话,我倒想起了乔亚。有一次乔亚的数学考了满分,他虽然十分高兴但还跟我说,'我现在只知道哪些是我已经掌握的,但却不知道哪些是还没有掌握的,我应该更加努力';而当他考得不好时,也从不沮丧,他说这些都是我还没有掌握的,我的知识又可以增加一些了!可是蒙蒂斯有一次一门功课考了第一名,高兴得不得了,还说'幸亏没考那些我不会的',而当他的成绩不好时,他又抱怨'为什么总考我不会的'。"

卡宾说:"没错,其实乔亚的态度就是辩证的,他能从'好'的结果里看到'不好'的一面,还能从'不好'的结果里看到'好'的一面。所以我觉得当我们遇到困难的时候,虽然会感到痛苦或者烦恼,但同时也孕育着胜利后的快乐与喜悦。"

谢洛德看了看卡宾,"可是如果失败了呢?"

"嗯……我想即便是失败了,至少也会使我们变得更加坚强吧。"

睡觉前,谢洛德匆匆忙忙在日记中总结了这两天的谈话:

只有曾经存在过的东西才可能不存在。

刚出现的东西就已经开始走向消亡了,刚消失的东西一定伴随着新的开始,"方生方死,方死方生"。

我的经济学引申:一件新产品刚刚出现其实就意味着它已经开始变旧了,如果不改进一定会被别的新产品替代,而这件新产品又会被更新的产品代替,所以创新是任何经济组织长期发展的基础。

卡宾也用格言式的句子记下了自己的想法:

对于生活：对立才能存在，所以如果在生活中发现自己遇到了困难，那就说明自己在成长。如果选择放弃，是否也是一种成长呢？因为放弃也是在解决困难，不对，放弃也许不是解决了困难，而只是选择了回避，没有解决自然也没有成长。

对于社会：竞争（彼此对立）是我们存在的最佳证据，可是共同进步是否是更高层次的"合题"呢？

对于人生：我还想到了一个人——中国古代的老子，他说过"大巧若拙""大成若缺"，相互对立、矛盾的性质居然是同时体现出来的。

> 辩证法这个说法早已有之，它的意思就是谈话、论战的艺术。希腊的大哲学家苏格拉底就把它看作是通过对立意见之间的争论而发现真理的艺术；到了欧洲中世纪时，辩证法又变成了对琐碎论证的称呼；而黑格尔认为辩证法不仅是世界中一切运动、生命、事业的推动原则，还是知识范围内一切真正科学认识的"灵魂"。
>
> 辩证法作为一种方法在古希腊传统的西方思想界早已根深蒂固，但是对于古代中国的先哲们来说，无论是超脱的老子、放浪形骸的庄子，还是庄重的孔子、善辩的孟子、严肃的荀子，辩证的光辉就体现在他们的思想当中，而不只是作为某种指导他们思考的思路。同时，这也体现了东西方文化和思想发展的不同之处。
>
> 辩证法是用来思考各种问题的大方法，这些问题渗透在日常生活中的每个角落，小到随处可遇的琐事，大到一个集体、一个国家的发展战略，甚至关乎人类的何去何从。

第二章
古老的铁匠铺

一、铁匠铺里的数字之美

> 美是什么?
>
> ——苏格拉底

谢洛德和卡宾一大早就骑着爷爷的小红马准备去爬弗涅尔村西边的落霞山。"小红马"说的其实是两匹马,它们长得一模一样,是姐妹俩,老塔维特把它们养得棒极了,甚至在山地上也能健步如飞。

两个年轻人刚刚穿过一片果园,朝阳就从小路边稀疏的树枝间洒下了温暖的阳光。在稀稀疏疏的光线交错之间隐隐约约地传来了悦耳的音乐声,卡宾看看谢洛德,奇怪地问他:"这种声音怎么从未听过,不知是什么乐器演奏出来的。"

谢洛德有一点陶醉的样子,"不知道,不过声音很美,而且又不太像是乐器在演奏。"

他们一边沿路向前走,一边凝神听着这阵美妙的乐音。随着他们在路口向右一转,"音乐"声变得更加清晰了,两个伙伴向前张望着,声音居然是从不远处一间已经略显衰败的小屋里传来的,屋顶上还冉冉地升起青烟。

谢洛德说:"这是什么年代的房子？好像只在历史书上看见过。"

卡宾点点头,"至少在十九世纪还存在过这种房子,这是干什么的地方？"

边说着,他们已经走近了那间小屋,美妙的声音正是从这里面传出来的。两人停在路边相互望了一眼,"进去看看？""好。"

出乎他们的意料,美妙的声音不是什么难得一见的乐器演奏的乐曲,而是来自铁匠们的敲打。

谢洛德问卡宾:"音乐就是这样产生的吗？"

卡宾耸耸肩:"也许吧。打铁声也可以是音乐。"

谢洛德又问:"那音乐到底是什么？"

"我想是声音的旋律。"

"旋律又是什么？"

"声音的大小、长短的组合。"

谢洛德说:"可是并不是所有的组合都能成为音乐呀！"

卡宾说:"对呀,只有按照一定比例关系构成的声音组合才是音乐嘛,所以音乐就是数字之美啊！"

谢洛德惊讶地说:"你的腔调怎么有点像毕达哥拉斯？"

卡宾鬼鬼地一笑,"你以为是我自己说的？"

"啊？……"

正在这时,远处匆匆忙忙走来一人,身着有点类似桑切留斯的衣服,在不远处的一个路口一转就不见了。谢洛德和卡宾相互递个眼色,骑上小红马也跟了过去,他们的好奇心已被一早遇到的事情激发起来,他们决定要探个究竟。

转到那个人走的路上才发现其实路还很长,那个人走得真够快的,已变成一个小黑点了。眼看要到路的尽头,却发现还有两条岔道,只好任选一条了。选了右边的路,结果又绕回村子里了,再返回,岔道左边的路尽头是一个大门,门边的牌子上用希腊文写着:不懂几何学者不得入内。

卡宾差点从小红马上一头栽下来:"这是柏拉图的学园。"

谢洛德说:"咱们都见过了桑切留斯,再见见柏拉图又有什么不可以的?"

卡宾说:"也没什么不可以,不过尽管桑切留斯的年龄要比柏拉图大得多,毕竟从未听说过,这次如果我们碰见柏拉图,我们说些什么?"

其实谢洛德心里也直打鼓,"随便问他点什么?反正哲学问题永远也不会过时,他们的问题我们现在还照样能思考,只是回答的方式不同而已。"

卡宾说:"恐怕连方式变化也不大。"

"走吧。"

"走。"

两人从马上下来,慢慢走向西方历史上第一所严格意义上的学校。

东张西望的想发现点什么,但是大门口并没有人出来考查他们是否真的懂点几何学。卡宾奇怪地问道:"难道柏拉图立了这样一个牌子,定了一个规矩,却没人来监督执行?这种操作一点都不科学呀!"

谢洛德白了卡宾一眼,"我倒觉得那时的人们脸皮都很薄,不会就不会,也不会想着要混进来。"

卡宾说:"那倒也是,反正我是懂一点几何学者,脸皮也不厚,自然可以入内。"

谢洛德一愣,"好像我不懂一样!"

两人边走边说,渐渐地听到前面有说话声。一群人正围成一圈席地而坐,中间一个人正在说什么。

谢洛德问:"会不会就是柏拉图在讲课?"

卡宾摇摇头,"我也不知道,咱们先坐到边上听听再说。"

卡宾赶紧把谢洛德的耳机戴上,谢洛德说:"你不练练听力?这可是难得的机会。"卡宾犹豫了一小会儿,又把耳机摘下来了。

只听中间那人说道:"赫拉克利特说一切事物都是变化无常的,这没错,但是他却认为这是真实的,变化无常的事物怎么会是真实的呢?真实的东西应该是永恒不变的。还是巴门尼德说的有道理:存在物才是真正存在的,真实存在的东西怎么会是'存在又不存在'的呢?'不存在'怎么存在?更不能像毕达哥拉斯说得那样,什么'数'是万物的本原,数怎么产生万物?"

谢洛德刚想说话,只见斜对面的一个年轻人问道:"那你是同意巴门尼德的观点了?"

那人说道:"基本上可以这么说,我在'存在'的描述上赞成他。"

"那你能解释一下变化是怎么一回事吗?这些虚幻的东西、不真实的东西为什么还会存在呢?"

"存在是唯一的,其他的一切都是由'存在'产生的。换句话说,我只能知道一个个存在的事物在更替,并不能知道不存在的事物呀！你能给我指出一个不存在的事物吗？"

正在两人争论的时候，一个声音说："亚里士多德，你不必与彼特格罗争论了。其实巴门尼德的确要比赫拉克利特更具抽象的能力，赫拉克利特说的只是事物的现象，而巴门尼德已经开始思考在现象之上的东西了，也就是抽象的东西，就好比几何学就是对图形点、线、面的抽象，我在以前不是给你们讲过'理念'吗？你们都不去好好想想，我们了解古人的观点不是用来争论的，而是启发、帮助我们自己更好地思考问题，帮助我们了解这个世界和我们自己，帮助我们更好地生活、更好地治理国家，难道还有别的事情可做吗？"

这个人一定就是柏拉图了，谢洛德生怕错过了机会，"老师，请问音乐是什么？"

柏拉图侧过身看了看谢洛德，又看了看卡宾，"你们的衣服是从哪儿弄来的？"可能是忽然觉得哲学家不该问这些没意义的问题，接着说道，"音乐本身是一种声音，不过这是一种能令人产生美的感受的声音。"

卡宾用不熟练的希腊语说话，感觉就像有点结巴似的，"那……美……美又是什么？"

柏拉图变得有点高兴起来，"我的老师苏格拉底就曾问过这个问题，可是当时的智者回答他说'美就是一栋漂亮的建筑'，苏格拉底说'一只羊也是美的，我能不能说建筑美得像羊'。"

周围的学生们都笑了起来，卡宾也笑着说："这个智者没有说出美是什么，可是美到底是什么呢？"

亚里士多德插话道："苏格拉底真是伟大，因为他发现所有思考的起点就是事物的本质,所以他才会思考、追问事物的本质。"

柏拉图说:"美其实就像巴门尼德说的'存在'一样,它不是具体的一个一个美的事物,而是有一个'美'的理念。所有美的事物都是'美本身'令其美的。"

另一个学生说:"老师,这些美的事物是不是就像你说过的,它们'分有'了美的理念。"

"是这样。"

谢洛德又问道:"那这个'美的理念'是否存在呢?"

柏拉图更加高兴了,居然有人问出这么深刻的问题了,"当然是存在的,而且是永恒不变的。就像大家都穿衣服,可是衣服的本质是什么?"

一个学生说:"衣服就是将一些材料做成一定的式样。"

谢洛德说:"那鞋呢,不也是将一些材料做成一定的式样?"

那位学生说:"当然衣服的式样要符合身体的式样,鞋要符合脚的式样。"

卡宾说:"按你的意思,食物是不是要符合嘴的式样?"

彼特格罗说:"我看衣服就是一种特殊的形状。"

谢洛德仍然对这些古人不依不饶,"可是这种'特殊'又是根据什么来确定呢?"

柏拉图几乎是带着喜爱的眼光看着谢洛德和卡宾,"很好,很好,这种特殊的依据就是'衣服的理念'。"

谢洛德和卡宾有些愕然了,一时竟也不知道再怎么提问了。难道所有的事物的本质都是来自这个事物的理念,那这些理念又在哪儿?具体的事物又是怎么'分有'或者'摹仿'事物的理念的?

这样一来"某某的理念"岂不是成了对事物本质的质问的避难所？

亚里士多德思考了很久，这时说："我倒觉得彼特格罗的话很有启发。老师说的理念是存在的，可是理念是以怎样的形式存在的呢？它是如何体现在每个具体的事物上的呢？从彼特格罗的话里，我想理念就是事物的'形式'。"

柏拉图没等亚里士多德解释下去，"理念本身就是存在的，如果你说它只是事物的形式，它又怎么会单独存在呢？如果它是分散在每个具体事物之中的话，又与我说的理念有什么区别呢？不过是换了一个名称而已，如果我现在叫你彼特格罗，难道你就不是你了，你就变成他了?!"说着指了指彼特格罗。

亚里士多德小声地坚持自己的说法，"即便只是换了一个名称，但在理解上还是更清晰了，至少我很难想象一个独立的理念是怎样存在的，它是方的还是圆的？"

柏拉图有点生气地说："当然是圆的。"

谢洛德和卡宾心里想，"亚里士多德就是亚里士多德，其实柏拉图的想法离亚里士多德的想法也只有一步之遥了。"

彼特格罗站起来说："好了，今天上午的哲学课就上到这，下午我们上数学。"

谢洛德和卡宾在学园里耽误了一上午，爬落霞山是来不及了，先回家吧。

奇怪的是下午当谢洛德和卡宾再来到学园门口时，那块标志性的牌子已经没有了，上午在学园里见到的房子也没有了，就连来时路上见到的铁匠铺也不见了，两人败兴而归。

回来的路上谢洛德问卡宾："你说这是怎么回事？和上次见到

的那个桑切留斯有没有什么联系?"

卡宾也不太明白,"我觉得两件事一定有联系,可是他们之间差着好多年呢,而且也不可能一下都消失不见了。"

到了家里,奶奶问他们:"不是说不去爬山,要去听什么课吗,怎么又回来了?"

"没人了,连学校都没了。"

奶奶奇怪地问:"你们说的不是村里的学校吗? 怎么会没了?"

卡宾说:"其实我们上午见到了柏拉图和他的学园,还有亚里士多德,本来下午还要去,可是学园不见了。"

奶奶"嗯"了一声,"你们比老家伙还怪。"

老塔维特笑着说:"她不听我听,你们给我讲讲都遇到了什么。"

听完他俩你一言我一语的描述,老塔维特说:"你们问得很好,柏拉图和亚里士多德的思想更好。"

卡宾问老塔维特:"爷爷,我还是不太明白'存在''本质'都是些什么? 它们之间又有什么关系呢?"

老塔维特说:"历史上记载的最早的西方思想家之一——泰勒斯,他有一个观点:世界的本原是水。后来他的学生阿那克西曼德进一步描述了这种本原的性质,他认为世界的本原是无限者;而他的学生阿那克西美尼认为世界的本原是气。"

谢洛德问道:"那本原又是什么?"

"本原就是万物的起点和终点。老子就认为'道'是万物的母亲,是'道'创造了万事万物,所以'道'就是本原。"

卡宾又问道:"那它是不是事物的本质?"

老塔维特说:"不是一回事。先说后来的赫拉克利特,他提到过存在,但还不是一般意义上的'存在',而巴门尼德将这种性质抽象成了一个概念。但是后来的苏格拉底、柏拉图、亚里士多德等人更多的是追问事物的本质。本原相当于问事物来自何方,而存在是问事物何以是这样的,本质则是问这种存在是什么。"

卡宾说:"我有点明白了,也就是说当我们问一个事物'是什么'的时候,这个事物首先就要存在,存在是本质的前提。"

"可以这么说,如果一个根本不存在的事物,当然也谈不上什么本质了。"

谢洛德说:"那存在岂不就是事物的本质吗?"

卡宾说:"不对,美的本质难道就是美的'存在'?"

谢洛德说:"但是如果没有美的事物存在,又怎么会有美的本质?"

卡宾说:"如果这样说,美的本质就应该是美的事物。"

老塔维特也加入了,"柏拉图说的难道不是谢洛德刚才的意思吗?他用理念表示的确存在一个'美',所有美的事物都是这种理念的体现。"

谢洛德说:"可是如果这样说,那亚里士多德提出的疑问还是没解决呀。"

"所以亚里士多德提出了'形式说',美就在事物之中,而不是事物之外的一个单独的存在。"

卡宾说:"那么'美'就只是一个概念,是从所有可以被称为美的事物中找到的共同的形式或者说是性质,我们把它通称为'美'。"

谢洛德又问道:"如果'美'不是先存在的,我们怎么知道一个事物是不是美的？又怎么从'美的事物'中找出'美'来？"

老塔维特说："你们的问题都很好,但你们是否想过,你们说的'美的事物'是否一致？"

"是否一致？"

"对,我想你们一定会有差别,对同样一个事物可能谢洛德认为是美的,而卡宾却不认为美；而卡宾认为美的,谢洛德未必会同意。"

"是。"

老塔维特接着说："所以你们的'美'的标准就不一样。"

谢洛德说："但这并不妨碍我们的讨论,因为我们都有关于'美'的体验,而这种体验是一致的,至少可以认为是一致的,虽然谁也不可能感受到另一个人的感受。"

老塔维特说："是这样的,既然你说关于'美'的体验是一致的,那我能不能说'美'就是人们的一种体验呢？"

卡宾说："好像可以。"

老塔维特像苏格拉底一样地继续进行自己的引导,"那好,现在我说'美是一种体验'是不是更好一些,而且这种体验不仅是在感受事物的过程之中,同时又被人们总结成一个概念,用这个概念表达这种体验本身,这个概念被起了一个名字——就叫作'美'。你们觉得这样解释是不是更好一些？"

谢洛德说："这样一来,'美'岂不是成了每个人的事？而且一个事物是不是'美'的就没有一个一致的标准了。"

卡宾说："事实上好像就不存在一个一致的说法,本来就没听说世上有一个事物是所有人都认为美的。"

老塔维特说:"事物自身并没有美与不美的区别,一块石头不知道自己是美还是不美,但是对人来说,可能有的人说它美,因为它是一块玉石;而另一个人说它不美,因为上面有了瑕疵。"

谢洛德看了看卡宾,"我懂了一些,但不全懂。"

"我也是。"

老塔维特说:"这也只是我自己的想法,并不是什么作业题的标准答案。其实你们能思考事物的本质就已经足够了,遇事多问一句'是什么',你们就已经开始进行哲学思考了。"

谢洛德高兴地说:"哲学思考就这么简单?"

老塔维特故作惊讶地看着自己的孙子,"你以为呢?"

这时卡宾问道:"爷爷,那我现在想知道丑是什么?"

奶奶端了饭过来,"我现在想告诉你们,该吃饭了,不说帮我做饭,只知道瞎想。中国有句古话:民以食为天,你们难道还比天大?"

爷孙三人忙不迭地帮老塔维特夫人摆放餐具,上汤上菜。

当天晚上老塔维特被两个孩子缠着不放,最后只好说:"对于美和丑的体验有很多种描述,你们可以自己去在前人的书里找到,我只告诉你们一个说法:美就是生活。"

"那丑呢?不也是生活吗?"

"而丑则是生活的例外。"

"爷爷,这是你自己说的吗?"

"这是俄国的一位思想家——车尔尼雪夫斯基说的。"

二、数字与艺术

> 事物的本质就是数。
>
> ——毕达哥拉斯学派

第二天,卡宾还是不放过老塔维特,总是缠着他问这问那。

谢洛德也问爷爷:"毕达哥拉斯到底是怎么回事,他的理论又与音乐有什么关系?"

老塔维特说:"噢,这个问题涉及的东西太多了,不是几句话能说清楚的。"

"那就简单地介绍一下吧。"

"好吧,我就照自己的想法说吧——毕达哥拉斯研究的范围现在看来很多都属于自然科学,比如天文学、几何学等等。其实古希腊的大多数哲学家都研究自然科学,科学与哲学是逐渐分开的。他在研究中发现了很多规律,而这些规律在他眼中都是各种数字的关系。包括音乐,毕达哥拉斯发现音乐声中的高低、长短、快慢都成一定的比例关系,他后来还发现了黄金分割点;还有现在可能小学生都知道的三角形内角和等于一百八十度,还有被称作毕达哥拉斯定理的几何定理。"

卡宾惊讶地说："这么早就发现这些规律了,不知道他当时是怎么证明的。"

老塔维特说："有些定律当时未必会有严格的证明,而且毕达哥拉斯定理很可能更早就被中国人发现了,被称为勾股定理。"

谢洛德说："原来他把音乐也看成是数字之间的关系。"

"这也没什么不对,这本来就是数字的魅力。数字不光是孤立的一个个数,它们之间的关系才是重要的,从现在数学的发展来看,比例关系只是较为简单的一种关系了。"

卡宾有点头疼地说："不错,数学真的挺难学的。"

谢洛德插话道："也许你该好好想想数学是什么?"

老塔维特接着刚才的话说："当毕达哥拉斯带着这种'数字滤光镜'再看整个世界的时候,他发现处处都充满了数字的踪迹,经过进一步分析,他又发现其中存在着大量的规律,还有一些神秘的东西。"

"神秘的东西?"

"其实是一些当时无法解决的问题,或者是些还没有能力发现的规律和概念。这种事情越来越多,毕达哥拉斯从事物中发现了数——即关于事物量的规定性,于是将其视为事物的本质,并进而认为数是万物的本原。其实这也是一种看待世界的方法。"

卡宾说："既然他也说本原,那他所处的年代应该比赫拉克利特还要早一些吧?"

"史料记载的确更早一些,大概他去世时赫拉克利特正值鼎盛期。虽然他的这种看法在现在看来是过于夸大了数字的地位,不过也正由于他的这种执着,他对推动数学、几何等学科的发展起了很大作用,而且他还初步建立起了数的观念,这种观念对于人类的发展当然就更重要了。"

谢洛德说:"那音乐到底是不是数字?"

老塔维特笑着说:"你这样问,就正好是毕达哥拉斯想得到的结论了。音乐中的关系可以用数字来表示,我想这是没有问题的。比如一个声音的声高是另外一个声高的一倍或一半,一个音的长度是另一个的两倍,等等,当我们确立一个标准音为'一'后,其他的音就可以与标准音相比定为二、二分之一等等。"

卡宾说:"按照同样的道理,其他艺术种类也有类似的情况。"

谢洛德说:"你是说绘画?"

卡宾说:"恐怕还有建筑、雕刻。"

老塔维特高兴地说:"这些问题我以前也没想过,看来柏拉图的学园是没白去呀!"

老塔维特夫人一直坐在一边看报纸,这时放下报纸说:"好了,你们也该休息一会儿了。谢洛德的叔叔明天就从东方大学访问回来了,还有卡宾的外公也来。"

卡宾说:"真的!"

"是啊,他们一起来这儿待几天。"

谢洛德叹口气,"可惜谢洛丝没来。"

老塔维特夫人笑了一下,没说什么,一会儿又接着说:"你们俩去后园帮我摘点新鲜的蔬菜去。"

卡宾和谢洛德到后园摘菜时想起来,弗涅尔每年的水果节快到了。

夜晚,繁星满天。
卡宾在日记中写道:
我要提醒自己从今天开始多问自己几个"是什么"。
今天就想几个列下来,首先……"学习是什么?""知识是什么?"
其实最令我困惑但又不敢问出来的问题是:存在是什么?

谢洛德总忘不了带点经济学色彩:
所有的商业行为似乎都是在围绕着各种数字转,以利润为中心、各种报表为辅助。可是经济是什么? 商业是什么?
我更想知道的是:人类的财富到底是什么?

> 关于事物的本原、本质的探讨被称为"本体论",说起来很简单,可是思考起来却并不简单。正是对这些问题的不断思考使所谓的哲学家有些异于常人,因为在他们的眼中事物可能是另外一种东西,并且可能恰恰不是表面上表现出来的样子。于是在这些人眼中的世界也就成了另一个世界,比如成了概念的世界,又可能成了数字的世界,还可能只是成为一种"可能的世界"。
>
> 当我们多问几个"是什么"的时候,就会发现世界有些

不一样了,可是我们为何要追求这种不一样呢?其实,当我们用多个眼光看待世界的时候,世界并不会比从前复杂,而是变得更加多彩了,因为我们可以看见不同的世界。

但是看见不同的世界并不是目的,因为我们的目的是看见一个"自己的世界"。

第三章
少女谢洛丝

一、弗涅尔水果节

> 我思故我在。
>
> ——笛卡尔

谢洛德的叔叔小塔维特和卡宾的外公利斯午·卡特布恩是飞罗大学的老师,小塔维特是研究经济思想的,利斯午是心理学的教授。他们刚刚从东方大学访问一年回来,是赶来参加弗涅尔水果节的。

小塔维特一进门就带着神秘的样子说:"还有令你们想不到的事呢!"

谢洛德忙问他是什么事,小塔维特卖起了关子。

卡宾的外公带着卡宾去村里看望一位老朋友,老塔维特夫人嘱咐他们晚饭一定要回来吃。

第二天下午小塔维特要谢洛德和卡宾陪他去车站接人,却又不说去接谁。这一定就是他的"关子"。

漂亮整洁的列车缓缓地停在了站台上,在人流之中小塔维特向一位身着中式旗袍的女孩子招手。谢洛德和卡宾虽然觉得有点眼熟,却一时想不起是谁。

女孩也不称呼他们,"不认识了,瞪着眼。"

"谢洛丝?！真是你?"

"不是我是谁！卡宾,你也不认识我了?"

卡宾哦哦了两声,"认识认识,就是好几年不见,一时不敢认了。"

谢洛德高兴地问:"叔叔还不告诉我,真没想到你今年会回来。怎么不提前告诉我们?"

谢洛丝笑着说:"我也是临时决定的。"

谢洛丝已经在东方大学专门对非汉语国家学生开的留学生班学习三年了,东方大学位于中国内地一个叫郭庄的地方。这次小塔维特回来时谢洛丝说什么也要跟着回来,她先去了飞罗城看望妈妈,本来要与小塔维特夫人一起来的,可是小塔维特夫人昨天又随公司去了大洋洲,她只好自己先来了。

谢洛丝来的第三天,弗涅尔就迎来了今年的水果节。

没想到的是今年居然从四面八方来了很多的游客,难道现在只有弗涅尔才有好吃的水果吗?无数的水果堆满了大街小巷,就连村边通向山脚或村外的路上也全是行人和水果车、水果铺。

热闹了整整一个星期,人们才陆续散去。

谢洛丝的到来令大家的话题变得多了起来。

利斯午和小塔维特返回飞罗大学后的第二天,谢洛德、卡宾和谢洛丝就决定去爬落霞山了。卡宾和谢洛丝骑的是小红马,谢洛德换了一匹黑马,在路上他们才给谢洛丝说起他们碰到的事。

谢洛丝听完后显出十分神往的样子:"今天咱们再去看看吧,说不定能碰到什么奇怪的事呢!"

"好吧,反正也是顺路。"

谢洛丝又说:"这种对事物本原、本质的思考,在汉语里叫作'形而上学'。"

谢洛德和卡宾都会汉语但不太明白这个词的意思,"你还是给我们解释一下吧,亚里士多德不是将这种思考称作'第一哲学'吗?"

谢洛丝说:"在后人整理亚里士多德的这部分著作时,没有找到合适的名字,又由于这部分内容在他的《物理学》后面,所以当时人们就称之为《物理学之后》。日本明治维新时期开始翻译大量西方著作,就用《易经》里的一句话,'形而上者谓之道',将它翻译成'形而上学'。中国后来又从日本引入这个词,当时中国的翻译家严复更想用'玄学'这个翻译。其实西方思想很长一段时期的历史都是形而上学的历史,后来又有哲学家在不同的意义上使用了这个词。"

谢洛德说:"如果说这是讨论本体论的方法,那当然会延续很久了,因为本体论的研究一直持续了两千多年。"

卡宾说:"我记得好像是黑格尔最终完成了最宏伟的形而上学的体系。但是前几天爷爷还给我们讲过,黑格尔的方法是辩证法,不是形而上学。"

谢洛丝说:"看来你们喜欢思考,却不愿看书。"

谢洛德说:"谁说的!只是没明白所以记忆不深而已。"

卡宾也表示不服,"那你说说是怎么回事。"

"黑格尔使用的是辩证法一点没错,爷爷是哲学教授还会给你们讲错?不过黑格尔说的形而上学指的是与辩证法相对立的一种方法,也就是用孤立的、不变的、静止的眼光看待事物的方法,而辩证法则是用联系的、发展的、运动的眼光看问题的方法。"

谢洛德说:"你不就是多学了几天哲学嘛,何况你的知识比我们多也未必说明你对世界的理解比我们深。"

谢洛丝说:"就因为我学哲学,所以我知道:你现在说得没错。"

谢洛德有点不好意思地笑笑,"那为什么又说黑格尔完成了形而上学的体系?"

卡宾说:"看来形而上学不光是指一种方法,还是一种思维的方式,或者说当思考的对象是涉及本体、本原这类问题时的方式就是形而上的。"

谢洛丝点点头说:"真是天才儿童!"

卡宾大叫道:"你说什么!小丫头!"

三人你追我赶地嬉戏着,一路上没发现那间古老的铁匠铺,自然也没找到柏拉图的学园,他们加快速度直奔落霞山而去。

落霞山奇峻、广阔,常能见到满山景物在夕阳中尽披霞光。

三人骑马走至半山腰,看见右手边有一个坡势较缓的山谷,里面树木葱郁,不远处竟隐约能看见屋檐一角。谢洛丝停下马,喊走在前面的谢洛德,"唉,别走这么快,咱们到这里面看看吧。"

卡宾跟在谢洛丝后面,这时也停下来,"去干吗?还是先到前面把马安顿好再玩吧。"

"你们烦不烦!我就要现在去,你们不去我自己去。"

谢洛德回头大声说:"哪儿来这么多的好奇心!"

卡宾故作深沉地说:"算了,学哲学的嘛!"

谢洛丝说:"噢,那就算了,我本来是看见里面有栋奇怪的房子,才想去看看。既然你们没这个想法,咱们就抓紧上山吧。"

奇怪的房子!

谢洛德忙说:"不不不,还是听你的,今天一定要满足妹妹的好心情。"

谢洛德和卡宾现在生怕谢洛丝又要脾气说不去了,赶紧带头走进了山谷,树木繁多、花香草芳,三人牵着马一边向山谷深处走去,一边欣赏各式花草。

屋檐逐渐变得鲜明起来,竟是一栋十七世纪的欧洲建筑,只是已经略显陈旧了。

屋外的空地上正有一人席地而坐,手里还拿着一根小木棒在地上画来画去。三人互望一眼,谢洛德暗想:"不会出什么事吧?"转头用询问的眼光看看卡宾。

卡宾眨眨眼:"也许就像以前遇到的,见怪不怪吧。"

谢洛丝也说:"既来之则安之。"

这时屋里出来一个佣人模样的女子对着那个怪人喊道:"先生,该吃早饭了,快点进来吧。"

他们说的是法语,大概是在法国了。

那个人喊道:"帮我拿出来吧,我在这儿吃,免得思路断了。"又转过头看了看他们三人,"你们过来,从哪儿来的?"

三人抱着"既来之则安之"的古训走向这个看似古怪却又充满神秘魅力的人。

"坐在这儿,"那人随和中带着威严地指指自己身边,等三人坐下,竟没有一句客套话就接着问道,"你们看这是什么?能看明白吗?"

三人一看,是一个坐标轴,上面画着几个图形。

谢洛德问道:"这是什么?是图形和坐标轴。"

那人道:"还行,我是想用这个坐标轴来研究这些几何图形,你们能理解吗?"

三人以为真的遇到怪人了,卡宾说:"我觉得这个想法早在五百多年前就已经有人想到了。"

那个人惊讶地问:"什么?我怎么不知道!"

卡宾刚想说什么,谢洛丝插话道:"你是谁?这是什么地方?"

那人奇怪地问:"难道这不是巴黎吗?难道我不是笛卡尔?你们难道不知道?"

三个人瞪大了眼睛一时说不出话来,难道眼前的这个人就是笛卡尔坐标的创始人,就是他想到了用数学方法研究几何问题,从而开创了近代几何学研究的全新思路,并且他还是一位哲学史上的重量级人物,但难道真的就是这个其貌不扬,还有点古怪的人?

谢洛丝终于说道:"没什么,我们只是有点怀疑。"

笛卡尔有点高兴地说:"难得你们这么年轻就开始对这些看似实在的东西产生怀疑了,是呀,只有怀疑才是最实在的。"

卡宾莫名其妙地问:"为什么只有怀疑是实在的?"

笛卡尔兴奋地说:"这是令我苦恼了很久的问题,不过最近我已经想明白了。"

佣人将早饭拿来了,"你们是谁?噢,你们需要什么吗?"

笛卡尔说:"给客人们拿点咖啡吧。"三人赶紧说不必了。

笛卡尔说道:"不知道你们是否想过,只有'怀疑'是无可怀疑的。"

卡宾说:"我不明白,为什么'怀疑'是无可怀疑的。难道'你在吃早饭'是可怀疑的吗?"

"当然了,难道这不能是一个梦吗?难道我们感受到的一切就一定都是真实的吗?"

卡宾刚想说当然是的,但是想到眼前的一切,忽然自己开始怀疑了,甚至怀疑自己现在就在梦中,甚至开始怀疑前一段日子里遇见的桑切留斯、柏拉图、亚里士多德等等,都是一场梦幻,否则他又怎么解释这一切呢?

谢洛德显然也意识到了这个问题。

三人都沉默着。

笛卡尔反而有些得意了,"你们是不是有点明白了?"

谢洛丝说:"但是你说'你在怀疑'是不能怀疑的,为什么?"

"不是不能怀疑,如果我怀疑'我在怀疑',岂不是正好证明了我的确是在怀疑吗?那也就是说'我在怀疑'是真实的。"

三个人又各自默默地嘀咕了一阵,不错,别的一切都可以怀疑其真实性,但是如果怀疑"我在怀疑",本身就是"我在怀疑",那么这一点无论如何也是无可置疑的了。

谢洛丝只记得在哲学书上看见过笛卡尔最著名的命题是"我思故我在",这个"笛卡尔"怎么又冒出来了一个"我在怀疑"的无可怀疑性来?

谢洛丝试着问道:"证明了这一点又怎么样?"

谢洛德也问道:"是呀,我们不能总是怀疑,然后呢?"

笛卡尔接着说道:"怀疑是一种思想,我在怀疑是确定的,那我在思想就是确定的,那么就一定存在一个产生怀疑的东西,存在一个思想的东西,这个东西的存在就一定是确定的。"

卡宾说:"当然了,本来就是'我在怀疑''我在思想'嘛,所以'我'当然是存在的。"

"哈,"笛卡尔猛地一挥手,"没错,所以我说'我思故我在'。"

谢洛丝精神一振,"没错,'我'存在了。"

谢洛德心里想:"笛卡尔想通过'我在怀疑'的无可怀疑性,即确证性来证明'思'是的确可以存在的,那么'思'的承担者必然也存在,否则就变成了有东西在'思',而这个东西却不在,当然不可能。于是就有了'我思故我在'。很多人没有理解这个意思就妄加批评,说什么'我在说话',所以我在,可是说话怎么就是确定无疑的事实呢,至少我还是可以怀疑我是否是在梦中说话,而不是真的说话。我们首先要理解笛卡尔的本意,然后才能进一步思考他提出的这个命题的含义。"

笛卡尔激动地说:"是呀,我存在了。我始终无法从古希腊的传统中看到'我'的存在,漫长的中世纪只有上帝才能存在,而'人'早已消失了。我只是想证明'我'的确存在,这就够了。"

这时屋里出来一个中年女子向笛卡尔不停地招手,好像是有什么急事,笛卡尔匆匆地去了,"等下午你们再来这儿,我还想和你们聊一聊。"

卡宾有点激动地说:"我真的怀疑这是否是真的,可是又怎么会与历史上的记载这么相似呢?"

谢洛丝呆了一会儿,"咱们怎么办?"

谢洛德说:"还是先走吧,下午再来看看。"其实他的心里也知道,下午这里大概不会再有房屋和笛卡尔了,就连这些花草树木是否还在都不知道了。

年轻人很容易接受现实,毕竟还有落霞山在等着他们。

二、归来，落霞山

> 认识的我并非我自己，那么这个认识的我是什么？
>
> ——康德

落霞山上遍布柏树，山坡上绿草茂密，牛羊散漫其中，好一幅山野景象。夕阳渐落时，洒下满天彩霞，人在其中大有乘风归去的意境。

谢洛丝悠悠地说道："这些彩霞也是存在的，它们又是什么？"

谢洛德说："它们是物理现象。"

卡宾说："我倒只想享受这美景，宁可相信它就是这样的美丽，而不再是其他的任何东西。"

三个年轻人都沉默了，这美——此刻只属于他们。

彩霞还未消落，可是年轻人还要赶回家。到了来时的山谷，果然已没了法国的房屋和确立了"我"存在的笛卡尔。

晚饭后与老塔维特的讨论已经取代了看电视、玩游戏的习惯。

谢洛丝说："爷爷，笛卡尔的思想到底与以往的传统有什么区别呢？为什么思想史会给予他非常重要的地位？"

老塔维特说:"他的重要性就在于确立了'我'的存在。而且笛卡尔确定坐标系的时候已经不在巴黎居住了,而是去了荷兰,不知道你们遇见的这位神秘人物为什么把时间提前了。"三个人对这个问题当然只能是一头雾水了。

谢洛德说:"可是在他之前'我'不也是存在的吗?"

老塔维特笑笑说:"但是'我'从来没有成为一个问题,也就是说,我们都假定的确存在这个'我',可是笛卡尔并不只是说明'我'的存在,而是试图证明'我'的存在。"

卡宾说:"可是,爷爷,这种证明只能确切地让人意识到'我'的存在,但'我'是在这种证明之前就存在的呀!"

老塔维特欣赏地点点头,"你说到了点子上。单从笛卡尔试图证明'我在怀疑'的真实性上还是有欠缺的,因为他说,如果我们怀疑自己是否在怀疑的时候,实际上就正好证明了'我在怀疑',所以'我在怀疑'的真实性就得到了证明。但是'我'是如何知道'我在怀疑'的,我是如何知道我要怀疑的? 也就是说,在怀疑之前'我'已经知道了'我在怀疑'的真实性,解释的目的只是证明而已。由于'我的存在'甚至是'我的认知'早已在先了,那么笛卡尔所证明的就不是'我的存在'了,而仅仅是作为认识的主体的'我'存在。所以,事实上笛卡尔做到的是提出了一个主体性的问题,即'思'的存在确定了一个主体的'我'的存在,而不是确定了一个'我'的存在。"

谢洛丝说:"那就是说笛卡尔说的'我在'实际上是'认识论'上的'我',而不是'本体论'上的'我'。"

谢洛德有点抓耳挠腮的样子,想知道又不明白,抢着嚷嚷道:

"你说的都是什么？认识论与本体论上的'我'又有什么区别？"

卡宾也说："是呀，我记得认识论要比本体论晚很多。"

老塔维特说："你们先想一想认识是怎么回事，我们说认识一个事物是不是必须要有一个认识的人还必须要有一个认识的对象。"

"是。"

"那好，在认识论之前的思想史里，人们很少提到人是'如何'认识的，而只是在讲我们认识后的结果，比如事物的本质是什么，世界的本原是什么等等。但是在漫长的中世纪里，所有的认识和结果都来自对上帝的信仰，而人自身却好像消失了，等这段历史结束后，人们首先想到的就是对自身的确立。"

谢洛丝说："所以笛卡尔首先就想证明'我'的存在。"

老塔维特说："是，但是笛卡尔并没有明白自己所做的工作的真正意义，因为他进一步将'我在'上升到了本体论的高度，即一切事物都可以由我的存在而得到展开，并由此又回到了'上帝'那儿。"

卡宾说："但是他的这个思想的真正意义应该在于确立了'认识中的人'的存在。"

谢洛丝说："也就是确立了对后来的哲学思想发展起到巨大影响的'主体'的概念。"

老塔维特说："是的，这种'主体性'的原则在康德的体系里得到了充分的发展。"

谢洛德说道："康德的先验的、后验的，还有什么先天的、后天的，真是太复杂了，我看我是不能明白了。"

谢洛丝和卡宾也表示有同感。

老塔维特说："康德的思想当然不是随便讲讲就能讲清楚的，但总的来说，康德试图说明的就是人类的知识如何可能的问题。而且他还研究了伦理学、政治学、天文学、美学等众多领域。"

谢洛丝说："是不是说康德想弄明白我们认识事物的能力？"

"对，他的哲学思想就是试图解决我们能不能认识世界，如果可以，我们认识世界有没有一个界限。"

谢洛德说道："他的理论一定很复杂，但我现在想知道他是如何发展人的'主体性'的。"

老塔维特说："当他讨论认识如何可能的时候，不管将认识的形式分成多少类，比如先验的、先天的等等，但有一点是进行这种思考的前提，那就是区分了主体与客体。因为在认识的过程中肯定有认识活动的承担者，这就是主体，还要有认识的对象，就是客体。"

卡宾说："这种关系不也是辩证的吗？没有主体的存在也不会有客体的存在。"

老塔维特点点头说："是这样的，因为只有对立才能确定两者的存在，同时两者又具有统一性，所以认识就是可能的。如果只有统一没有对立，那么认识就永远不会显现出来，就像在这之前的历史一样；反过来，如果只有对立没有统一，那么主体就永远不可能认识客体，认识也就不可能了。"

谢洛丝这时说道："但是，爷爷，为什么我在中国接触到的中国哲学里面很少提到这些概念呢？尤其是古代的思想家。"

老塔维特说："是的，中国思想的传统与希腊传统不同，最明显的是,中国历来讲究'天人合一',而西方经过基督教的广泛传播后,天与人始终是分离的,所以就连认识论里也限制了人的认识范围,康德就认为有一些东西是人永远不可能认识的,因为这些东西根本就在认识能力之外。"

卡宾说:"天人关系并不影响认识对象的存在呀?"

老塔维特说:"你说得很对,是我没说清楚。'天人合一'的观念的确并不影响'天'也可以作为认识的对象,但是中国古人正是在这种观念下,才会认为认识本身不是两者的对立,而是两者的相合,所以他们对问题的解决不是分析性的,而是体验、感受性的,注重的是'心领神会';而西方传统是分析性的,总试图获得明确清晰的结果或答案,这也是必然会产生认识论的原因。"

谢洛德说:"那现在的问题是否就已经转变成主体对客体的认识问题了?"

卡宾说:"那么主体是什么?"

谢洛丝说:"是呀,主体只是'在认识的我',还不是'我'本身呀!"

老塔维特说:"你们想得很好,自己其实也可以作为认识的对象,只不过这时认识的主体与客体是同一个事物而已,这样我们就会形成对自我的认识。也只有这个时候,我们才可能形成'自我意识'。"

谢洛丝说:"如果是这样,那中国人岂不是缺少'自我意识'吗?"

老塔维特说:"难道你不觉得吗?难道你不觉得中国传统更注重非个人意识吗?无论是在家族还是社会的角色上,中国人都更强调一种关系的和谐,并且认识的角度始终是复合了多种角色,比如家族、乡亲,而不只是自己。他们希望达到的结果是自己与周围社会的融合,而不是显现自己的独特存在,他们试图确立的是自身的社会存在而不是社会的个体存在。"

卡宾说:"但是太强烈的'自我意识'岂不是会导致极端的个人主义,那结果只能是自私自利、以自我为中心。"

谢洛德接着说道:"而且社会本身就是一个集体,而不是单独的个体。"

谢洛丝说:"但是社会这个集体也是由个体组成的呀,如果个体没有自我意识,也就是连自己都无法认清的话,又谈什么集体意识呢?"

卡宾说:"爷爷刚才还说中国缺少自我意识,但却也形成了集体意识。"

老塔维特说:"的确可以形成,但是缺少一个循环的过程效果就未必好了。你们说得没错,每个人的存在其实都是在'他人'中得以存在的。"

"为什么?"

"简单点说就是,自觉地形成的自己与他人关系的意识要比自发地形成的意识更深刻。当我们自己意识到与他人之间的和谐是自己和谐存在的前提时,要比大家直接接受这种结果而不问理由更真实、更深刻,而中国的传统就是接受与他人的关系而不是选择与他人的关系。"

谢洛德说:"我还是不太明白。"

卡宾说:"我也是。"

谢洛丝说:"我倒觉得中西方是两种不同的体系,虽然有些问题类似但无论从方法上,还是关注点上来看都完全不是一回事,所以用一个体系的方法来解决另一个体系里的问题就会显得有些不太合适或者不伦不类。"

老塔维特说:"的确是这样的,不过我倒觉得两者是可以结合的。只是如何结合倒是一个很复杂的问题。这个工作就要看你们的了。"

三、葡萄架下

> 用理性来观看世界,世界就表现出理性的外观。
>
> ——黑格尔

谢洛德、卡宾和谢洛丝学过的不少课程里都曾讲到过关于主体的各种理论,但是直到今天似乎才有些明白了什么是"主体"。

第二天清早卡宾收到了爸爸寄来的微型电脑,这台电脑的最特殊之处是可以连接世界文化资料中心的高级数据库,卡宾来时没想着会用到它。而现在卡宾有种冲动,很多想知道的东西都希望能通过资料中心查询出一个满意的结果。

卡宾又与谢洛德、谢洛丝一起从老塔维特的库房里找到了两台久已不用的电脑,接好电路居然还可以用,连接到卡宾的那台电脑上,终于三个人都可以按自己的想法来利用这些信息了。

午饭时老塔维特夫人叫了好几遍,三人已经有点乐不思蜀了。

傍晚时,邻居沃特海姆夫妇的小女儿海丽来找儿时的伙伴了。海丽刚从库洛城的世界鸟类研究中心参观回来,她邀请他们三个到她家的葡萄园里玩。

葡萄园整齐、壮观，葡萄架下有一小片空地，静静的月光下葡萄酒显得更加清澈、纯美。

海丽除了仔细地参观了鸟类研究中心，还作为志愿者参加了当地进行的一项心理学研究试验。试验是要对比东西方人观察事物时的区别，进而研究其心理差异及由此引起的文化差异。

卡宾觉得这与他们几个昨天讨论的问题有些关系，就问海丽："你们得到结果了吗？"

海丽说："这个试验进行了好几天，只是最后两天我没去成，所以也不知道最后的结果是否已经得出了。"

谢洛丝说："卡宾，你外公也许知道这个试验呢！"

海丽高兴地说："真的，我还一直琢磨从哪儿才能知道结果呢！不过我倒觉得很难得到一个确定的结果。"

谢洛德奇怪地问："为什么？"

海丽说："心理学的试验本来就不会像物理、化学实验那样经常能得到确定的结果。毕竟心理学还不能那么严格，其实也只是在弗洛伊德以后，心理学才真正地走上了经验分析的道路。"

卡宾说："不过心理学还没达到实证科学的地步。"

谢洛德问道："那你们都试验些什么内容？"

海丽说："很多时候都是对不同画面的辨识或者解释。"

谢洛丝接着问道："那你们发现什么区别没有？"

海丽说："大多数时候都证明了一个类似的观点：东方人更倾向于认为事物是普遍联系的，每个个别的图形都跟图形的背景紧密相连，而且在解释图形意义时也是如此；而相反西方人更容易单独看待一个图形，很多时候是忽略了背景的存在。并且东方人注意到可能的变化,虽然这些变化在试验中并没有出现,由此导致一个结果:东方人喜欢使用动词,而西方人喜欢使用名词,与之相伴的自然是东方的语言里副词出现得更频繁,而西方的语言里则是形容词更多一些。"

谢洛德他们三个人边听边在想着什么,一时没说话。海丽有些奇怪,"你们怎么了?好像对这个问题很感兴趣?"

谢洛丝将这些天的事大致地转述给了海丽。

海丽也略带兴奋地说:"真有这样的事?会不会还有什么事发生?从明天起我可要和你们一起行动。"

卡宾说:"我可是求之不得。"

谢洛德斜着眼看着他:"为什么?好像话里有话呀!"

卡宾说:"有又怎样?反正我不说,你想猜就猜猜吧。"

谢洛丝偷偷地在笑。

海丽笑着说道:"你们今天不是找了些资料吗?都有什么新鲜的东西吗?"

谢洛德说:"噢,我倒没发现什么,卡宾好像收获不小,是吧?"转头看着卡宾。

卡宾点点头,"当然,我今天最大的发现是,对于主体性的理解,从古希腊以来就有两个相反的传统。"

谢洛丝问道:"古希腊的传统?但是主体性的确立不是从笛卡尔才开始,直到康德才真正完整地确立起来的吗?"

谢洛德也说道:"是呀,这'相反'又是什么意思?"

卡宾说:"其实很多都是我们以前学习过的,但是在没有理解主体性之前,自然发现不了这些线索。"

海丽说:"是哪两个传统?"

卡宾说:"其实只要一说你们就明白了,那就是理性与非理性两个传统。理性传统包括柏拉图、亚里士多德、笛卡尔、康德、黑格尔等等,而非理性传统也早就有了,比较早的有芝诺,还有与黑格尔同时代的叔本华、克尔凯郭尔等等。"

谢洛德说:"不错,你这样一说,我倒是觉得的确存在这样的对立,但我还是觉得他们在本质上有更深的联系,而不单是彼此对立。"

谢洛丝笑着说:"很快就将辩证法用上了嘛!"

卡宾说:"而且我觉得非理性传统很像中国的思想。"

海丽说道:"中国或者说东方思想讲究事物的融合,但未必就是非理性的。"

卡宾说:"讲究融合当然不能代表非理性,我说两者之间的相似之处在于对主体性的理解和应用上。"

谢洛丝说:"你说的是主客体的关系?"

谢洛德也说道:"主客体的分离正是人们获得知识的必要条件呀!"

谢洛丝不太同意这样的说法,"为什么相互分离才能获得知识?"

"因为这样才能更清楚地确定研究对象,才可能获得实在的知识。"

卡宾说:"我基本赞同谢洛德的说法,但是对不同的问题又有理性与非理性的解决办法而已。"

谢洛丝有些明白了,"你的意思是说主体性与理性、非理性并不是一回事。"

卡宾接着说:"是呀,你们想想看,主体性的确立是从认识论的角度来看待问题的,按康德的说话方式就是:'知识是如何可能'的问题。而理性与非理性的区别并不在于主客体的分离,在主体性明确之前就早已存在了。所以我觉得理性与非理性是思维方式、方法而不是思考的内容,它们有着自己的发展历史,理性的传统在黑格尔那里发展到了顶峰——辩证法,而近代的很多思想、思潮却体现出了很强的非理性倾向。这种非理性的思想又恰好有很多是与东方思想传统相似的地方,所以我才说非理性传统很像中国的思想。"

"你们未免研究得太深入了吧!"一个声音从葡萄园里传来,"这可不是轻松的话题。"原来是沃特海姆先生。

海丽说:"爸爸,我们可没觉得不轻松。"

"是吗?那说明你们已经深陷其中了。"

沃特海姆先生是一位生物学教授,同时还是小有名气的园林艺术家呢!

沃特海姆先生一边坐下一边说道:"真是后生可畏呀,就连我也从没想过这些问题,但是关于理性和非理性的问题,卡宾的外公利斯午先生更有发言权,他可是精神分析学界的大人物。"

谢洛德说:"可是,沃特海姆先生,我觉得主体性是一个哲学概念,而不是心理学概念。"

谢洛丝说:"心理学里难道就没有主体吗?"

沃特海姆先生说:"主体性问题的确是哲学研究的概念,但是关于主体是否是理性主体的问题就要联系到心理学了,尤其是弗洛伊德开创的精神分析学派。"

卡宾说："可是主体应该是从一开始就已经存在,那为什么在人类历史发展了很多年以后才被提出来呢?"

这时沃特海姆夫人走了过来,对沃特海姆先生说:"我让你叫孩子们到屋里吃点心,你倒好,加入讨论了。"

沃特海姆先生赶紧说:"好了,好了,大家都到屋里去。"

在谢洛德他们三个临走前,沃特海姆先生还不忘补充一句,"你们的问题可以去找谢洛德的爷爷问问。"

第二天,老塔维特先生并没有直接回答他们的问题,而是告诉他们,主体性的建立是形成自我意识的基础,而所有其他的与自我有关的感受如果没有自我意识,就都将只是一种情绪而不是真正的感受,比如自信、自强、自尊甚至自卑,如果没有"自我意识"的存在,都将变成一种毫无理由的放弃。

老塔维特引用的黑格尔的一句话让卡宾他们思考良久,"用理性来观看世界,世界就表现出理性的外观。"

那么用感性的眼光看待这个世界呢?是否就表现出感性的外观?难怪叔本华要写《作为意志和表象的世界》了。

重要的是,当我们看时,看的主体是我们,而不是世界,世界就是它所是的样子,它不会因为谁来看就变成看者想要的样子,但是看者却能看出不同的世界来。

实际上,主体性一旦确立起来,它就不仅是笛卡尔说的"思"的承担者,并且也是认识活动、实践活动等任何行为和行动的主体。

面对同样的一个葡萄园,有的人会计算今年的收成,有的人会感受葡萄的清香,有的人会产生创作的灵感,而有的人可能只想吃上一串葡萄而已。

四、海丽的微笑

> 世界是我的表象。
> ——叔本华

弗涅尔大学暑期举办了一项关于自然科学与社会科学相互影响的研讨活动,海丽是参加者之一,当然这个活动对任何爱好者都是开放的,并没有任何限制,于是卡宾、谢洛德、谢洛丝也一起参加了。

大会的秘书之一——大卫,是一位年仅二十四岁的文科博士,他在十八岁的时候就获得了数学硕士的学位,然后出人意料地选择了哲学作为博士研究的主题。

弗涅尔大学里有一片融合东西方风格的园林,面积不大但是名声却不小,被称为"智慧园"。

当天的研讨会结束后,谢洛德他们邀请大卫一起去"智慧园"里的茶室喝茶,并借机询问起关于理性的问题。

大卫想了想说:"这次研讨会的一个主题就是关于理性的,首先理性是有很强的目的性的。"

"什么叫作目的性?人们做任何事不是都具有目的的吗?"

大卫说:"未必都具有目的性,有时人们会莫名其妙地情绪低落,甚至会因此大发脾气,并且事后自己也说不清为什么要这样做。"

谢洛德说:"至少他的情绪得到了改善。"

大卫笑着说:"你这样说也没错,但是这并不是行为者的目的呀!所谓的目的性是指事先预期要达到的目的,除非这个人已经准备好要让自己的情绪低落,并且借机对某人发火,但是如果他真的是想对某人发火的话,根本不需要先令自己的情绪变得低落了再发火,至多他只需假装变得情绪低落,但这只是对自己行为的掩饰。这种掩饰可能是为了更有利于自己行为可能产生的后果,甚至是为了避免相应的责任。"

海丽说:"如果是这样,他岂不是根本就没有情绪上的低落?"

卡宾说:"这岂不就是理性的?"

大卫点点头:"你们已经有点明白了吧,如果他设计这样一种结果,那么正好说明他的设计具有目的性。即便是他的情绪真的变得低落了,这种结果也只是他的理性设计的结果,因为他的目的就是要变得情绪低落。"

海丽奇怪地问:"这种目的性我是明白了一些,但是你刚才说'他的目的就是要变得情绪低落',情绪也可以用理性来控制吗?"

大卫说:"哈,这就是我要说的第二点了。情绪当然不是理性,既然人的思想意识里面有理性不可达到的存在,那岂不是正好说明非理性的存在吗?"

谢洛德有点糊涂了,"既然如此,为什么前人不断试图告诉大家人是'理性的动物'呢?"

大卫说:"这当然还有很多历史发展的原因。这一点虽然现在我们能较容易地看到,但在人类思想的不同历史阶段,人类的追求也是不同的,思想水平等背景也是不同的。其实关于人'不是理性动物'的说法也从未消失过,只不过理想的完美状态是人类始终的追求。"

卡宾说:"但是理性难道就是最理想、最完美的目标吗?"

"当然不完全是,但是如果没有理性的建立,谁又能知道什么才是非理性呢?"

谢洛丝说:"但是非理性的内容不也早就存在着吗?甚至可能比理性的历史更久远。"

海丽说:"我觉得也是。"

谢洛德笑着说:"怪不得说女人是天生的感性动物呢!"看着谢洛丝和海丽快要生气的样子,谢洛德马上改嘴道:"对不起,对不起,我是泛指所有的女性,不是特指你们俩,何况你们是女孩。"

谢洛丝说:"女孩不是女人?"

谢洛德小声说:"这可是你自己说的。何况感性点不好吗?"

大卫笑着说道:"好了,你们别争了,刚才你们都是处于非理性的状态。感性本来就是人类的特征之一,是感性动物也没什么不好。不过前人之所以强调理性,还有一个可能就是要区别于其他动物。毕竟人类自认为是这个世界最高级的物种,为了证明这一点,总要找到与其他生物的区别,人类首先是动物,所以主要是与其他动物之间的比较。最早有人说'人是两足动物',但后来发现还有别的动物也只具有两足。于是又有人说'人是会说话的动物',但是又发现别的动物也有自己的语言,虽然可能会更简单一些。于是又产生一个说法,'人是理性动物'。"

卡宾问:"这样大概可以把'人'区别出来了吧。"

大卫微微地点点头,但似乎有些犹豫,"这样也许可以做出一些区别,但也只是一个区别的标准,它仍然不能说明人的本质,还不是'人是人'的标准。"

海丽说:"不错,其实在人类的历史上,最初人类认为自己是万事万物的标准,其他的一切都是人类的创造者赐予人类的,是供人享受的;而人类所处的地球自然就变成了整个宇宙的中心。实际上,直到哥白尼的日心说之后,人类才意识到自己不过是沧海一粟;而直到达尔文的生物进化论之后,人类才意识到自己只是生物链中的一环而已。"

大家沉默了一会儿,大卫说:"是呀,人类不过是浩瀚宇宙里的沧海一粟,不过人类也很伟大,我们不仅发现了科学,还创造了技术,而且最可贵的是我们人类一直在努力认识自己。"

淡淡的茶香使大家一时都陶醉在"非理性"的体验之中。

卡宾打破沉默说:"科学应该是理性的代表吧。"

大卫说:"尤其是数学,因为现代数学的发展已经较少地依靠经验了。"

谢洛德说:"但是科学并不是能解决所有的问题。"

谢洛丝说:"反过来也一样,非理性也不可能解决所有的问题。"

海丽略显兴奋地说:"那我们只要找到一个标准,确定哪些问题可以用理性的方法来解决,哪些用非理性来解决不就可以了。"

卡宾问道:"那这个标准是理性的还是非理性的?"

大卫说:"不错,我们无法找到这样一个标准。思想的历史正好显示出,原本认为是理性的却有着非理性的基础,原本认为是非理性的却有着理性的内涵。"

海丽微笑着说:"至少我们可以知道这种对立不是本质的,而相互结合才是最终的方向。"

海丽的微笑真美。

大卫说:"理性的传统在黑格尔的庞大体系中得到完成,但是就在他的同时代还有另一位哲学家——叔本华。据说当时黑格尔的名声如日中天,他在大学任教的时候听课的学生挤满了教室,而叔本华偏要选择和黑格尔同时间开课,结果听众只有两三人。不过黑格尔去世后,他的理论体系很快就失去了吸引力,而这时叔本华成了大家的追捧对象。叔本华极度宣扬个体的存在,并认为人不是毫无个性的理性动物,相反是有着喜怒哀乐、七情六欲的人。不过他认为个性越显著,则欲望越强,随之而来的痛苦也越多。这种悲观使他走向了东方的佛教,但是他没有真正吸收佛教中的慈悲与安静,而是为了摆脱困扰宁可走向死亡。这种消极的态度在后来的尼采那儿被克服并走向另一个极端,最终造就了有'强力意志'的'超人'。叔本华认为世界是我的表象,世界是我的意志。"

卡宾说:"我前两天刚看了一些关于叔本华的资料,我记得还有一个丹麦的克尔凯郭尔也是主张非理性的。"

大卫说:"是的,他同样认为人不是理性动物。不过他是从另外一个角度来阐释生活的,他说生活充满了各式各样的可能性,参与生活就是自主自由地选择自己的路,而人的存在是在有限的生活中实现无限可能性的过程。他非常强调个人,他认为群体之间的成员会相互推诿责任,而自我实现就是要越来越个体化,是一个越来越脱离社会存在的过程。当然这种说法也有些过于偏激了。而且他对哲学上的认识论转向也表示了不满,在传统哲学里虽然大谈理性和主体,但却忽视了'存在',将'人如何存在'这样的深刻问题给变成了'人能认识什么',于是他认为这种转变使思考的方向发生了重大的偏差。他的思想影响了后来的存在主义,所以后来有人评价他是存在主义的开创者。

"非理性的思路还在后来的生命哲学家那里得到了发展,他们认为人的生命具有本体论的意义,柏格森就是其中的代表。"

谢洛德说:"你说这么多,我还是不能完全明白,因为里面包含着许多内容都是我不太了解的。"

大卫说:"这些内容你们可以找些书看看,但是里面的精神和方法你们不是都了解了吗?而且还有自己独特的观点呢!"

卡宾说:"但是对主体的思考好像总和理性的问题搅和在一起。"

大卫说:"没错,其实不管是赞成理性的还是赞成非理性的思想家们都是基于同样的前提,就是对主体性的认可。只是在讨论主体的时候才产生区别,这种区别不是内容上的而只是方法上的。其实,即便是强调主体是非理性的这些哲学家,哪个不是运用了理性的思考方式?"

谢洛丝问道:"那他们难道没有发现吗?"

大卫说:"发现这一点的意义很大,但却不是反对这些非理性观点的证据。它的意义只是说明了思考具有的一种特性——那就是理性,但是思考的特性并不能代表人的特性,并不是说思考是理性的,那么这个思考者就一定是理性的。"

海丽说:"这让我想起弗洛伊德的观点:人受无意识、潜意识的支配,而不是理性。他会不会已经意识到人的理性与思考的理性之间的区别? 也就是说,他认为人的理性思考的基础是非理性的,所以他也应该是赞同思考的理性特点,只不过是进一步认为这种特性的背后是非理性基础,在这时他才认为人是非理性的。"

大卫说:"我还真的不太了解弗洛伊德的学说,但如果真是你所说的,那他一定是意识到了思考的理性与人的理性的区别。"

谢洛德这时说:"其实弗洛伊德本人是否意识到这个区别也并不重要。"

卡宾问道:"为什么?"

"因为我们意识到了。"

大卫点点头说:"是,这才是重要的,如果后人没有意识到,即便是前人早已想到了,后人还是无法理解。甚至是他本人没有意识到,而我们却从他的理论中意识到了新的东西,这时的意义不是更大嘛!"

第二天研讨会全部结束了,大卫又去了印度,他的兴趣一部分已经转移到了印度文化的研究上。而他说的德国哲学家叔本华的思想,尤其是伦理学部分受到了佛教的很大影响。

大雨过后,天地一片清明。

四人各自记下了这几天遇到的问题以及对问题的思考与整理。

卡宾:

如果我不能了解我是谁,那我就无法知道那个跟自己的父母成天相伴的人是谁,那个跟自己的兄弟姐妹一起成长的是谁,那个与朋友们结伴而行的人是谁,那个在世界中不断努力进取的人又是谁……总之如果我不知道自己是谁,我也将不知道自己所做的一切,或者我会奇怪那个所谓的"我"与我何干!

"我"不仅有着自我,还有他人,否则我将是孤独的。我宁愿失去一点自我换来一点他人,从而使自己更像一个真实的人,从而我能知道自己的确存在着。这时我才有机会确定"我"就是那个陪伴父母、兄弟姐妹还有朋友们的那个人,从而我才能确定我在世界中的位置,我终于可以知道"我的存在"了。

可是,我还有一个问题:"我"虽然存在了,但是"我"是一个什么样的存在呢?

谢洛丝:

中国的思想传统不强调区别主客体,西方的思想具有分析的传统,而中国没有,中国更注重"心领神会",更强调意境。中国思想家更注重对世界、自然、社会的一种领悟,而不是精确的知识,这也是中国的科学精神历来与西方不同之处。凡是与"天"有关系的学问都在古代中国得到了很好的发展,因为他们相信"天人合一",这种研究从一开始就不带有世俗的功利性,而是直指人的存在意义。

不过这种特性在后来的历史发展中逐渐固化为规则的体系,这些体系不仅没能发扬这种思想传统,反而限制了其发展。原因大概是崇尚"自然"的精神与相对固定的体系之间的矛盾。西方传统显然更适于体系的建立,但是近代种种反对理性的思潮也反映出西方理性思维中的弊病正是源于体系的人为性,自黑格尔以来,完整的思想体系已成为历史的记忆了。

可是两个思想体系的互补性又在于什么呢?

谢洛德:
我发现世上没有真正的问题。

一切现有的问题都是伪问题,因为如果一个问题可以回答,也就不再成为一个问题了;而一个问题根本没有可能回答的话,也就不能成为问题。

主体的存在——然后才是理性与非理性的区别——但是事实上恰好被很多人包括哲学家、哲学史家所误解,将主客体问题与理性、非理性的问题搅在了一起。

中国思想是典型的将主体意识有意淡化的思想体系。但这并不是说中国思想不具备主体性意识,而只是做得还不够而已。

西方则存在另一种误解,即认为非理性是与理性完全对立的,是对一切的否定,而只强调感性的部分,这种偏颇来自主体性意识的过于强烈,强烈到将部分的特性扩大到事物的整体。

我的这些判断是理性的还是盲目下的结论?

海丽:
自我:就是对自身主体性的确认。自我的形成表现为自我价值、自我尊严等。

主体意识的不断发展,可能导致的结果是极端的个人主义,并最终失去自我。从叔本华的话语里我们看到的世界只是意志和表象而已,就连个人也已开始走向非理性的边缘,而尼采却以相同的思路确立了不同的结果,他将个人推向了极端——成就了"超人",这岂不是极端情绪化的表现?

当我们把自身作为客体,才开始自我的反思。理性主义者坚信理性在思想意识中的绝对统治地位,而情感主义者则相信自然的天性总是更优于理性;理性者认为人想获得自身的自由必须通过理性控制自然的情感,可是情感者却认为自然的情感就是人的自由。

理性与非理性的对立其实是人的两部分的对立,或者说它们本来应该是一个完整的"人"。

可是主体是怎样存在的?

> 笛卡尔通过怀疑主体的存在最终确立了主体的存在,主体的存在当然在笛卡尔的这项工作之前,笛卡尔不过是用一种漂亮的方法证明了这种存在的真实性而已。
>
> 主体性意识的真正历史是从笛卡尔开始的,并成为一个至今人们仍在思考的重要哲学问题。主客体的分离成为认识论的基础,这种认识用于主体自身的时候产生了更多、也更加深刻的探讨。这种认识一直存在两种截然相反的观点,即理性的、非理性的。这种争论使人类的思想呈现出多彩的画面。

于是一个更深刻的问题被提了出来,那就是"存在"的问题,因为以往的思考都是将"存在"作为前提,但是这个前提也只是一种假定,虽然这种"存在"可以被证明的确是存在的,但是对于这个存在本身的思考却还太少。

简单点说就是,我们存在、我们思考、我们发现了我们的存在、我们证明了我们的存在,可是我们的存在是什么?

也许有人会问,我们为什么一定要知道自己,其实原因很简单,因为我们活着。

第四章
真相？假象？

一、为何而战

> 存在先于本质。
>
> ——萨特

一大早就听说村里来了几个探险者。

谢洛德问老塔维特:"爷爷,这附近有什么好玩的地方吗?他们为什么到这里来探险?"

老塔维特说:"我也不知道,也许这里的人自己觉得没什么好玩的东西,但在探险者眼里就变得有意思了吧。"

卡宾说:"要不咱们也一起去看看。"

老塔维特夫人反对道:"别去凑热闹了,既然是探险一定有危险你们又没经过训练,还是玩自己的吧。"

谢洛德说:"我们只是去看看,又不参与。"

卡宾跟着说:"是呀,奶奶,让我们去看看吧。"

老塔维特夫人无奈地摇摇头,"我是管不住你们,我不让你们去你们就真的不去了?要去看看也行,但一定记住不要随便冒险。"

"谢洛丝,"海丽的声音在外边叫道,"你们去不去看探险?"

谢洛德、卡宾、谢洛丝三人一起跑了出去,老塔维特夫人笑着叹口气,"这些孩子,就是闲不住,哪来的这么多好奇心!"

老塔维特先生也笑着说:"有好奇心好呀!"

"好什么?你是不是也想去看看?"

"不去,不去,有什么好看的。"

四个人发现村里不少孩子都吵吵着向他们曾发现柏拉图学园的方向走去,原来最近有人在这附近发现了一个地下洞穴,并说有可能是一个地下宫殿,这些探险者可能就是为此赶来的。

奇怪的是每次发现新奇的东西,探险者总是比考古学家跑得更快。

这个洞穴是在地下,其中一名探险队的队员留在洞口以防万一,另外四个探险者陆续顺着绳索下去了,看来洞穴竟有二三十米深。下去很久了,竟没了任何动静,围观的人早已陆续走开了。

谢洛德他们跟这位探险者聊了一会儿,才发现凑热闹的就剩他们四个人了。

谢洛德问那位留在上面的探险者——斯蒂文森:"他们会不会出什么事了?"

斯蒂文森说:"不知道,如果有情况他们会发出信号的。"

卡宾说:"这么长时间都没动静。"

斯蒂文森点点头,"这很正常,谁也不知道下去会遇到什么事!不过我一直对一件事感到奇怪。"

海丽问道:"什么事?"

"探险者总能找到稀奇古怪的地方,但是为什么当地这么多人居然没发现?"

谢洛德说:"也可能早就发现了,只是没觉得有什么值得探访的。"

卡宾说:"是呀,并不是人人都有很强的好奇心。"

海丽说:"其实这个地方我们早就知道,只是洞太深了没人愿意下去而已。你们不来也不会有人觉得这里面会有什么稀奇古怪的。"

谢洛丝说:"海丽说得没错,探险者的好奇与普通人的好奇是有区别的。探险者对所有没经历的地方和事物都想尝试一下,而不喜欢探险的人并不会因为遇到这样的地方而没尝试一下就感到后悔。"

斯蒂文森点点头说:"你说得很有道理,应该就是这个原因吧。可是为什么有的人喜欢探险而有的人偏偏不喜欢呢?"

卡宾说:"你的这个问题可是太难回答了,就像我问你为什么有的人不喜欢探险而有的人偏偏要喜欢呢。"

斯蒂文森说:"大概喜欢探险的人都具有强烈的好奇心吧。"

谢洛德说:"有好奇心是可以肯定的,但是并不是所有具有好奇心的人都要喜欢探险,好奇心只是喜欢探险的必要条件而不是充分条件。"

海丽说:"这还必须排除包含其他目的的探险。"

谢洛丝问:"包含其他什么目的?"

"比如赚钱什么的,如果是为了赚钱就不一定非要有好奇心,又或者只是工作的一部分。"

斯蒂文森说:"噢,你们说得很有道理。看来你们是那种有好奇心但不喜欢探险的一类吧。"

卡宾看看其他几个伙伴，嘟哝道："那倒也不一定。"

谢洛德说："我们也喜欢探险，不过不是探这种险。"

斯蒂文森有些好奇地问："那是什么？登山、徒手攀岩还是穿越沙漠？"

谢洛德说："我们探的是人类的思维之险。"

斯蒂文森觉得更有趣了，"思维之险？怎么探？"

谢洛德笑着说道："我要是知道就好了，我只是想而已。"

斯蒂文森大笑着说："有意思，我希望你们都能成为未来的思想家。"

时间又过去了一个多小时，还是没有任何动静。斯蒂文森也有点坐不住了，至少队友应该给自己一个一切正常的信号呀。

谢洛德四人聚到一边悄声地商量着什么。

一会儿，卡宾过来对斯蒂文森说："我们商量了一下，要不我们几个也下去看看。"

斯蒂文森急忙摇头，"不行，不行，你们没有经验，不能去冒险。我看如果你们能帮忙照看一下，我下去找找他们倒是可以。"

谢洛德说："正因为你有经验，才要守在这里。我们也不会走远，就下去看看，如果找不到他们马上返回。"

海丽说："毕竟我们对这里的环境更熟悉一些。"

经过几个人的不断游说，斯蒂文森最后答应放他们下去，但一再嘱咐如果发现不对马上回来。

顺着绳子慢慢下滑，有一股不经意的凉意掠过，大概是深入地面之下终年不见阳光的原因。

四个带着好奇心的年轻人陆续到了洞底，卡宾抬头摇了摇绳子,示意斯蒂文森他们都安全着地了。接下来呢？斯蒂文森只能像等待他的另四位同伴一样,这是一位职业探险者的素质。

从洞口向里面走了大概四五十米,地洞逐渐偏向左边了。越走越深,谢洛德说:"还好,没出现岔路口。"

卡宾说:"但是这样走下去,不知道什么时候才能出去,也不知道前面会有什么事发生。"

谢洛德回头说:"你不会是想返回吧,卡宾?"

谢洛丝说:"我倒是想回去了,我感觉越来越冷了。"

海丽说:"你们看,边上的岩石发潮。"说着举起从斯蒂文森那儿拿来的电筒。

这里面是否会有水并不可怕,可怕的是越来越冷了,潮气加重了这种阴冷的感觉。

海丽忽然大声嚷道:"你们看右边。"

原来右边有一个又细又窄的小岔道,仅能容一人慢慢挤过去,而岔道的那边是阳光。谢洛德说:"我们找到出口了,不知道外边是什么地方。"

其实四个人没有意识到,他们已经不知不觉在这越来越阴冷的地洞里走了一个多小时了。

谢洛德、海丽、谢洛丝、卡宾相继走向那片阳光,一个一个慢慢向前移动。谢洛德消失在阳光之中,海丽消失在阳光之中,谢洛丝也消失在阳光之中,卡宾一边走进阳光之中一边喊着他们的名字。

"谢洛德,你们在哪儿？你们看见我了吗?"卡宾的声音似乎消失在虚无之中,没有回应。

过了一会儿,那片炫目的阳光渐渐地在卡宾适应后的眼前消失了。破碎的街道、残垣断壁、到处都是倒下的士兵,这是什么地方?

"嗨,卡宾,你找死呀,快点过来。"一个略显粗鲁的声音从一个墙角后面传来。

卡宾不知道这位老兄是谁,但应该是战友。

卡宾转身向墙角跑去的时候才发现自己的一身士兵服还有手中的枪、身上的子弹,"我是一个士兵,"卡宾想,"可我是什么士兵?什么时候?什么地方?什么理由使我成了现在这样?我从哪儿来的?"正想着,已经跑到了那位"粗鲁的声音"身边,"喂,你在叫什么,刚才?"

卡宾莫名其妙地,"我没叫呀!"

"粗鲁的声音"愣了一下,"是吗?我以为你在找什么人?差点连自己的命都没了。"

"敌人在哪儿?"卡宾隐隐约约地意识到正在发生一种转变,这种转变似乎正是来自自己的意识,因为他好像正逐渐地忘记些什么,而这些空白正被另外一些东西填补。因为他似乎知道有敌人的存在,可是敌人是什么人,自己又是什么人似乎还并不清楚。可是卡宾想,"那我为什么问'敌人在哪儿'?"

"粗鲁的声音"偏头看了看卡宾,"他们就在每一个可能向你开枪的地方。"

卡宾探头向四周看了看,居然看见一面墙后面似乎有一个人正用一支枪瞄向自己的方向。卡宾熟练地举枪、瞄准、扣动扳机,墙后的人慢慢倒下。"粗鲁的声音"抬头看看,"你干吗对着墙打?"

卡宾转身挤着这位战友坐下,扭头看着他说:"谁说我在打墙,我在打敌人。你难道看不见墙后面的敌人正瞄准我们吗?"卡宾渐渐地对自己的声音也感到十分陌生,"这是我在说话吗?我在说这样的话吗?我在说'我打死了敌人'吗?我为什么要打死他?"

"他为什么与我们为敌?"卡宾不由自主地说。

"粗鲁的声音"没说话,似乎早已经习惯了各种莫名其妙的问题,他对这样的问题根本没想过要回答,也许对他来说这样的问题根本就没有被问过,就像对待炮火中的灰尘一样。

"休息好了,我们走,先绕到刚才你打的那面墙后面。一、二,走!"

卡宾跟着战友快速地向那面墙后跑去,此时子弹从枪管中滑出的声音在卡宾他们的身边响起。

卡宾的脑子里只有一个字——跑。

两个人终于躲开子弹的扫射冲到了墙后,"粗鲁的声音"愣愣地看着墙后静静躺着的敌人,回过头问卡宾:"你看见的就是他?"

卡宾看着他们的敌人,陌生的面孔上还显着一丝安静的快乐,这种表情是那么熟悉,卡宾忽然觉得这个"敌人"似曾相识。卡宾点点头,"难道你没看见?"

"粗鲁的声音"说:"也许我看花了。现在咱们要绕过前面的那堵墙,也许那边能找到接应咱们的人。"

卡宾说:"你说的是'也许'?"

"我当然不能肯定。"

"如果没有呢?"

"你好像是第一天来的……"这时"粗鲁的声音"忽然向侧面扫

射起来,接着就听到几声受伤的惨呼。

就这样一路躲闪,一路开枪,卡宾就像得到了神灵的佑护,弹无虚发地与"粗鲁的声音"穿过了一个又一个的街区。

傍晚时他们终于来到了停在城边集结的部队里,同一连队的一位战友看上去格外眼熟却叫不上名字,其实卡宾对大多数战友都应该很熟,而且奇怪的是都能叫出名字,那个人是谁,"粗鲁的声音"又是谁?

这时"粗鲁的声音"对卡宾说:"你怎么不跟谢洛德打个招呼,你们不是最好的朋友吗?"

卡宾点点头,"是,当然是。"可是这个熟悉的名字对应的是谁,卡宾却有些模糊,我们曾经是好朋友?

这时那个眼熟的战友向他走来,到了他的身边,看着他,"我们还活着。"

卡宾知道他就是谢洛德,"是,我们还活着。"

谢洛德掏出烟递给卡宾。

"斯蒂文森,连长叫你。"一个战友冲着"粗鲁的声音"喊道。

卡宾看了看斯蒂文森的背影,脑子里拼命地想:"这个名字曾在哪儿听到过?"

谢洛德说:"我好像忽然忘了他的名字。"说完自己摇了摇头。

卡宾笑着点点头说:"我也是,大概是我们的脑子麻木了吧。"

战争在谁也没有准备的情况下结束了,然后战友们各奔东西。

卡宾和谢洛德都重新走进了校园,战后的生活平静……

一年多的时光很快过去了。

午后校园的草坪上格外宁静,卡宾不自觉地走到树下,靠在树上,轻轻地滑下,"这个动作为何如此自然?"卡宾心里冒出这样一个念头。

小鸟在枝头歌唱,身下好像有什么东西,卡宾伸手摸到一个本子。

本子上断断续续地记载着主人的经历:1946年9月9日,晴,和风。

"那个人的话一直在我的脑海中萦绕,我不知道他是否已经找到自己想要的答案。他说我们所得到的结果正是我们自己的选择,可是我并没有选择,我被外部的力量抛向了这场战争,我必须这样……"

字迹的凌乱似乎显示出本子的主人一直在困惑着。

卡宾又翻到了封页上,在页脚处有几个小字——谢洛德。卡宾的身子一下坐直了,"他也在这个学校吗?我好像已经遗忘了这位'朋友'。"

第二天,卡宾又来到树下,希望等到这位久违的朋友。谢洛德来了,"卡宾?!是你!原来我们都在这儿。"

卡宾微笑着看着这位似乎前生就已相识的朋友,"你是来找这个的吧?"

"你捡到了。"

"你这上面的话让我想了很多。"

谢洛德说:"其实上面很多是我记下来的,在战争结束后我遇到一位也参加过这场战争的战友,他叫萨特。有很多话都是他说给我听的。"

卡宾笑着说:"我感兴趣的不是谁说的,而是这些话。'存在先于本质'，耐人寻味。我们存在难道还不能说明我们的本质吗？"

谢洛德微微地点点头，"我们存在只是说明我们有选择的自由，可是我们要做怎样的我们呢？"

"你的意思是我们的样子正好是我们选择的结果？"

谢洛德说："难道不是吗？"

卡宾叹口气，"可是我并没有选择参加战争，我并没有选择在战场上开枪。"

"但是你并没有选择放弃，毕竟'放弃'也是可以选择的。"

卡宾陷入深深的回忆，却怎么也想不出选择的那一刻。谢洛德何尝不是。

谢洛德接着说："萨特给我讲过一个有趣的例子，他说'有一天，我坐在路边喝咖啡，看着来往的人群，并且也知道我也被别人观看着。这时马路上突然发生了一件小事，一个行人被三轮车撞倒了，立刻，就在我变成这一事故的观众的那一刻，我出乎意料地介入了我们之中'，其实'介入'有时就是这样的不经意。"

卡宾忽然觉得这个问题很有意思，"没错，可是这时我并没有选择成为事件的'我们'中的一员。"

谢洛德说："所以，人有选择的自由并不意味着人有选择结果的自由，毕竟'人'是在'他人'中。"

"那我的本质是什么，是选择本身还是选择的结果？"

谢洛德笑笑，"我也想知道。"

卡宾又接着说："战争又是什么？是谁的选择？我们又在为何而战？如果说发动战争的人作出了自己的选择，那我们被迫参战的人又是如何被拖入到其中的呢？难道也可以选择放弃？"

"当然,对于国家来说,可能是被迫参战,但对个人来说一定是选择的结果。"

"你的意思是我们可以选择逃避战争?"

"难道不行?"

"……"

谢洛德接着说:"我想,一个国家也可以选择放弃,也许那就被叫作投降。选择的结果是必须面对由此带来的责任。选择逃避,就要面对自己的责任,当然会有人选择逃避,他们的本质不正是现在他们所是的吗?"

卡宾努努嘴,"你说的他们所是的样子未必就是他们自己,更多的是他们在他人眼中的样子。"

"对了,所以说'选择的自由并不是选择结果的自由',人的本质不仅体现在自己中也在'他人'中。"

卡宾静静地仰望着湛蓝的天空,遥远的天际又浮现出那个微笑的脸庞,安静得就像是睡着了,"这个曾经的敌人在天堂对我微笑,他是在'我'中活着。而'我'又在哪里活着?"

二、"善"是未知

> (天下)皆知善之为善,斯不善已。
>
> ——老子

斯蒂文森是卡宾和谢洛德所在学校的一位心理学和伦理学的讲师,他的思想很受弗洛伊德的影响,并且立志有所创新。

"今天的课就上到这儿,"斯蒂文森抬起头说,"谢洛德你等一会儿,我们一起走。"卡宾也一起留下了。

"你这几节课有点心不在焉,怎么不提问了?"斯蒂文森笑着问谢洛德,"好像自从卡宾选修了这门课以后,你就不爱问问题了,"然后又偏头问卡宾:"你是不是帮我解决了?"

卡宾笑着说:"哪能呀!我还想找您解决呢!"

谢洛德也接着说:"其实,我想的更多了,只是有些问题我自己也不知道有没有问的必要。"

斯蒂文森点点头,"哦,那这些问题一定太深了,你最好还是别问我了。到那边坐坐吧。"

卡宾暗中偷笑,"不想知道还要请我们到咖啡屋坐坐!"

谢洛德放下杯子,"其实最近我一直在想,我们总是说要追求

'善',可是怎样才算是'善',什么又算是'恶'呢？这与一个人的心理、性格是否有关,还是决定于另外什么因素？"

斯蒂文森说:"也许你可以去看看伦理学史,或者道德哲学什么的。至于心理学,当然会有一些相关,不过关联到底有多大,就要看怎样联系了。"

谢洛德笑着说:"斯蒂文森先生,我说不问您吧,您偏要知道我在想什么问题,现在您又推到什么伦理学上去了,我对伦理学可是陌生得很。好吧,谢谢您请我们喝咖啡。"

卡宾说:"这只是建议,我们总可以讨论嘛！"

斯蒂文森说:"就是嘛,你找哲学家去讨论还未必能听懂呢！"

谢洛德点点头,"倒也是,更何况他们也像我一样苦恼。"

斯蒂文森问谢洛德:"你为什么想到'善'、'恶'？"

谢洛德说:"每个人都会选择做自己想做的事,想成为自己理想中的人,但为什么又会有人选择做一个'恶人'呢？难道追求善不是人的本性吗？"

卡宾说:"你刚才问'怎样才算善',这就已经承认有一个'善'的标准存在,符合这个标准的就是'善',但是我更想先知道'善'是什么。"

斯蒂文森说:"的确,善、恶的标准并非绝对的,更不是先验的。至于人的本性是否会自然地追求'善'也还是有疑问的。"

谢洛德说:"难道人会天生地追求恶？"

卡宾说:"'善'是什么？'恶'是什么？你指的追求'善'或追求'恶'又是什么意思？"

谢洛德说:"'善'应该指的是一种行为,这种行为给别人带来幸福。"

斯蒂文森说："可是'幸福'又是什么？如果按照柏拉图的思考方式，'善'就应该是一个理念，所有善的行为都是这个理念的表现形式。何况给别人带来幸福，而自己如果获得的是痛苦的话，这样的行为是'善'吗？更何况，幸福对不同的人来说也不同，那么如果你的行为给一部分人带来了幸福，而给另一部分人带来了不幸，你的行为是善的还是恶的呢？"

卡宾说："如果善指的是一种行为的话，我想说的是这种行为本身应该没有善与恶的区别，仅仅是一个行为而已。所谓的善、恶只是对行为的一个评价，这个评价来自外界，也就是行为发生的外部环境。所以'善'的概念来自社会。"

谢洛德说："如果是这样，而每个社会都在追求善，那么恶就会越来越少，但是恶从来也没有消失过，甚至会更多。"

斯蒂文森说："看来你还没理解卡宾的意思，在不同的人类社会发展阶段，社会对善、恶评价的标准也不同，恶可能会越来越多，因为这个社会越来越意识到人的很多行为是违反'善'的标准的，可能是由于这个社会的道德体系过于苛刻了，也可能社会的发展对'善'的要求越来越高了。也就是说，上一个阶段被称为'善'的行为，在这个社会普遍存在的时候，就不再被认为是一种'善'了，而相应的'恶'的行为可能增加了。"

卡宾笑着说："有可能有一天抽烟会被认为是一种'恶'，在某个苛刻的社会里！"

谢洛德说："'善'和'恶'并不能包括所有的行为，还存在不是善也不是恶的行为。"

斯蒂文森说："没错，这是一个关键，正因为如此才会有趋善避恶的余地，否则非善即恶，这个社会岂不是只有两种人？"

卡宾说："我奇怪的倒是为什么有人追求善，而一些人去追求恶。"

谢洛德说："还是你刚才说的，行为本身并没有善、恶之分，每个人选择什么样的行为是有自由的，这并不能说某个人一定要追求恶。这里面还有一个重要的因素——社会制度，所谓好的社会制度正是赞扬这个社会道德体系中被认为是'善'的行为，并且惩罚'恶'的行为，并不是每个人都会自觉地'趋善避恶'，而是社会教化的结果。现代社会的恶，一部分来自个人的任意选择，这是先发生行为，然后被社会的标准确定为'恶'；另一部分来自对社会体系的不满，因而这是一种有意的行为，是在了解社会的'恶'的标准后的行为，我觉得是在'恶'的指导下完成的，在这里倒真有点符合柏拉图的解释了。"

卡宾惊讶地说："我真怀疑你是先从哪儿背熟了一段，就等着来卖弄一下，所以才会提出什么'善'、'恶'的问题。"

谢洛德笑着说："噢，谢谢夸奖，我没想到我说的都已经像书里写的了。"

斯蒂文森也被逗乐了，"但是无论在哪个社会中都要有一个评价的标准，可是这个标准如何制订？我在想，这样的标准是否真的存在过，或者说是否真的普遍有效。"

卡宾说："至少至今来看，惩罚恶的标准倒是一直有，只不过每个社会都有所不同罢了。"

谢洛德急着问："什么标准？"

93

"法律。"

谢洛德说:"但是法律不是从来就有的,在法律出现之前呢?"

卡宾想了想,"之前的国家总也会有制度,我相信一定有类似的条目,再者君主本身就是当时的一个标准,只是这个标准太随意了一些而已,但这样的标准一定存在。"

谢洛德说:"我倒希望永远没有这样的标准,我相信人性的本质就是好的。"

斯蒂文森说:"你不用'善'的,而说'好'的。好与坏难道没有标准?这个标准难道没有社会的因素?"

谢洛德说:"如果这样说,我倒觉得善本身就不会有一个明确的标准。如果大家都按照一个明确的标准追求善的行为,那就不会有变化了,变化岂不是正好说明不同的社会阶段有不同的'善'。"

卡宾说:"那么善就是一个未知,人类在追求它的过程中不断变化、不断创新、不断完善。的确,我想起苏格拉底在临终前曾说过,'我不知道死是什么,也许它还是一桩善事,我是不怕它的。我只知道离弃本职是一桩恶事,我宁愿选择也许是善的事,而不选择恶的事'。"

谢洛德说:"不错,宁愿选择可能是善的事,而不选择恶的事。"

斯蒂文森说:"刚才卡宾说,善、恶是对某种行为的评价,那么这种评价就必然要有一个标准,我想这就是——价值。价值的观念就是通过行为的结果来评价它是善的还是恶的。"

谢洛德说:"因而一个人的价值观念会决定他的行为取向。"

"那这样做的目的又是什么?也就是说价值观念的导向又具

有什么意义?"卡宾问道。

谢洛德说:"大家都过上好的生活。"

斯蒂文森说:"可是什么是好的生活,每个人都会有不同的看法,那么一个社会的价值标准岂不是根本无法成立?"

卡宾说:"的确,有人声称快乐至上,可是快乐是感受,而生活却是行为。为快乐不择手段的结果往往是痛苦大于快乐,因为生活不可能是不择手段的一个过程。"

谢洛德点点头说:"何况有人会认为平静才是真正的快乐。"

卡宾说:"我觉得应该是幸福,追求善的结果应该是对幸福的渴望,平静的生活宁可说是幸福的,而不太像是快乐的。"

"幸福应该是一个综合的过程,一个人只有经历了人生,或者说只有到生命的终点才能判断自己的一生是否是幸福的,"谢洛德接着说,似乎想补充他前面的观点,"因为一时的得失都不能判断一个人是否'幸福'。"

斯蒂文森说:"无论如何,我产生一个想法:道德价值是用来判断善恶的;社会价值是用来赞扬和惩罚善恶的。"

卡宾说:"所以,社会价值是用制度来保证的,而道德价值却是用思想观念来实现的。"

斯蒂文森忽然说道:"这倒令我想起中国一位古人说的话:'(天下)皆知善之为善,斯不善已'。"

谢洛德有些不解,"这是什么意思?"

"事物正是在相互区别中显现的,相反才能相成,没有高就没有低、没有前就没有后,正如你刚才说的,不要区别善恶的标准,不过老子说的要更深刻一些,善恶是相对的,没有恶自然也不会有善。"

卡宾说:"那人类应该追求点什么?难道可以毫不约束?"

斯蒂文森说:"顺其自然。"

谢洛德说:"顺其自然难道能保证不产生'恶'的行为?"

"顺其自然还包括很多含义,自然并不是现在说的自然界的意思,而是'像自己本来的样子'的意思,最自然的状态是无欲无求,'善'与'恶'不正是来自欲求,如果没有欲求又怎么会有善恶?"

卡宾细细地咀嚼这几句话,"是呀,追求'善'又何尝不是一种欲求!何尝不是在迎合社会的'赞扬'!"

三、前世＝今生

> 春秋无义战。
>
> ——孟子

成了习惯似的,第二次课后,三人又到了咖啡屋。

这次谢洛德一坐下就有了新的疑问,"善、恶固然有社会的因素,但是否存在永恒的'善'与'恶'呢？救人岂不是永远的'善'举,害人岂不是永远的'恶'？"

斯蒂文森说:"还想着呢！看来你对这个善恶的问题真的上心了！"

卡宾说道:"我倒是有个比喻,当你为救一百个人必须杀死一个人的时候,你怎么做？你的行为是善的还是恶的？"

"还是要救,因为这个人威胁到一百个人的生命,他首先是恶的。"一个声音向他们走来。

"嗨,霍克,你说的未必准确,为什么他一定是恶的？"谢洛德一边招呼同学霍克,一边说。

卡宾又说:"我先不问你是如何判断他是恶的,我再问你一个问题,如果现在是要为救一个人而杀死一百个人呢？你怎么办？

当然首先假定你能办到,就像特工。"

谢洛德说:"看来善、恶的确是要置于一个道德体系里说话,从而才能做出判断。"

霍克向来是游手好闲,居然有兴致加入他们的讨论,"……看是否是正义的。"

斯蒂文森说道:"正义本身就有疑问,战争的发动者都声称是正义的,在接受者来看都是非正义的,你说战争是正义的还是非正义的?"

霍克纳闷地问:"那怎么办?"

斯蒂文森说:"善与正义并不是相等的概念,孟子说'春秋无义战',你们不觉得很有意味吗? 一个人可以以正当的名义做坏事,战争当然也可以以正义的名义行恶事。"

谢洛德问:"那被迫参加战争的一方呢?"

斯蒂文森说:"我想说的是,当每个人从自己的角度选择自己认为最恰当的行为方式并采取行动的同时,他所在的国家也会做出自己的选择,个人往往在追求高尚时会告诫自己忘记自私,而国家经常无法避免地选择最有利于本国的决定。这些结果势必与某些个人的选择相悖。我并不是说国家总是自私的,因为追求自身利益并不一定就是自私,还要看与他人的关系。不过,战争都是在谈判桌上结束的,然后就是重建家园,我们不都是这样吗?"

卡宾说:"没错,不过对个人来说,判断的结果会出现差别,由此带来的选择就产生不同的结果,于是人与人之间就出现了差别。而且这种判断不仅出现在善、恶之间,而是人生的每个角落。"

斯蒂文森说:"战后我们选择了来这里,所以我们就有时间和精力讨论这些问题,也许会一直思考下去。另外有人会选择经商,他们现在一定在忙碌着自己的生意;还有人会继续在部队里工作。"

霍克说:"可能又计划着下一场战争,谁说得准!"

谢洛德说:"不过正义的范围除了在国与国之间,还存在于社会内部。"

霍克奇怪地说:"难道世界不是一个社会?"

卡宾说:"社会并不能随便地等同于全人类,社会的范围有大有小,可以是多个国家的联盟,也可以是一个地区的特征。"

斯蒂文森说:"社会不是封闭的,但也不是全人类的,至少至今还不是,而是相对独立的,注意是相对。"

卡宾说:"正义在社会内部显然是一个整体性的社会概念,也就是说有一个社会普遍认可的规范,并用制度加以保证。"

斯蒂文森说:"嗯,看来思考问题对每个人都是平等的。"

卡宾说:"等等,你说到平等我可不同意,或者说不完全同意,这要看从什么意义上来说了。"

谢洛德问道:"哦?思考还有不平等的吗?"

卡宾说:"我觉得是'思考的自由'是平等的,但是'思考'就未必平等了。每个人都有思考的自由,这是谁也无法限制和夺去的;但是思考什么、怎样思考就未必如己所愿了,我倒觉得这些与一个人的成长环境相关。"

斯蒂文森说:"你说'每个人都有思考的自由'也未必准确。"

卡宾纳闷地问:"难道还有例外?"

"精神病患者就是例外。"霍克说道。

"不对。"谢洛德反对说。

"为什么不对?"霍克瞪着眼睛,"难道他们也在思考?"

卡宾说:"当然。"

霍克争辩道:"那他们还是精神病吗?"

斯蒂文森说:"这是卡宾刚才说的第二个问题:思考什么的问题。他们有精神上的疾病因而思考的问题或者方式有些异于常人,但是并不是说他们没有思考。"

谢洛德问道:"那么你说'未必准确'又是指哪些例外?"

卡宾插话道:"的确存在不能思考的人,但问题是这时'平等''自由'对他们也没有任何意义了。"

斯蒂文森说:"有没有意义是另外一个问题了吧?我只说并非每个人都能思考,当然,除非你认为'那些人'不能成为'人'。"

霍克说:"如果单从社会性上来说,恐怕真的不能承认了。嗨,服务员,再来杯咖啡。"

谢洛德说:"你不是来蹭咖啡的吧?"

霍克笑着说:"兼而有之。我接着说,生物意义上还是要承认的。"

卡宾说:"我们现在不是想讨论人的本质。"

霍克回过神来,"对,我们接着说思考。"

斯蒂文森说:"的确,对于常人来说'思考的自由'是平等的,没问题,可你为什么说'思考'就不平等呢?"

卡宾说:"并不是每个人的成长环境都相同,那么他们思考的问题自然不同,更重要的是,思考问题的方法不同。"

霍克问道:"这些不同能说明'思考'不平等吗?"

"举个例子:一个人可以骑马,另一个人只能牵马,他们平等吗?他们只是在作为'人'这一点上是平等的,但他们的'社会角色'就不平等。思考也一样,有人是骑马的,有人是牵马的。"

谢洛德说:"我不能同意这个说法,如果是这样,'平等'就只能在一个层次上存在——那就是——活着。只要是活着的人就是'活着的'。你们可别忘了,在奴隶社会里奴隶是人,但在奴隶主眼里就不是,他们不仅在'社会角色'上不平等,而且在作为'人'上也不平等;更别说在原始社会了。"

霍克说道:"更何况思考一定能自由吗?'自由'又是怎么来的?"

斯蒂文森说:"你这样一说我倒想到刚才卡宾所说的例子好像更适合说明'自由'是不平等的,而不是'思考'不平等。不过卡宾的意思我大概明白了,你说的后一个'思考'应该是'思想',它是思考的内容,要受到以往的经验和想象力的限制,当然除此之外,思想本身也同样是自由的。从这里还引申出另外一个'自由'——言论自由。当思想被表达出来时,就势必要求言论的自由——这成了另一个社会问题,并且涉及社会制度体系的建立与要求。不过真正可怕的还是限制思想的自由。"

霍克越来越感觉奇怪了,"如何限制,不是刚说了是自由的吗?"

谢洛德说:"既然思想要受到经验与想象力的约束,那只要使你较少地获得相应的经验或想象力,结果不也是在限制你的思想吗?"

霍克有点情不自禁地大声道:"但是思考是自由的,这是无法限制的。"

斯蒂文森说:"所以,只要善于思考,任何力量都很难限制一个人的思想,即便是战争时的强权与压迫也不能使人停止思考。"

卡宾有些纳闷,"你们说得慢点,我听不太懂了,自由怎么会不平等?"

谢洛德说:"因为历史上,总是一部分人限制另一部分人的自由。"

卡宾说:"如果这样说,那些限制别人自由的人岂不是'绝对的自由'了?可是这样的人存在吗?"

霍克笑着说:"存在,当然存在,暴君嘛!"

谢洛德说:"即便是暴君,他的思想也是不自由的,而且这种不自由因人而异。"

卡宾笑道:"这么说,人总也无法获得自由。"

斯蒂文森说:"我倒是觉得问题在于不能将'自由'一词用得太过宽泛,毕竟不能把所有的问题都归结到这一个概念之中。'自由'这个词语本身就应该有一个适用的范围。何况在咱们的谈话里涉及两个自由,一个是思想(思考)的自由,一个是社会的自由制度。"

卡宾说:"不错,自由还是一种权利,它带有社会性,对社会来说它才有意义。"

霍克点着头,"当然了,为所欲为并不是自由,你们难道不这样认为吗?"

谢洛德说:"没错,否则一个人可以选择偷盗,并声称这是自己的自由,那么这个社会也就不存在了。"

霍克夸张地瞪着眼说："为什么不存在,你说的不就是——强盗社会吗?"

斯蒂文森说:"的确可以存在,但是强盗社会不可能长期存在,这样的社会必然很快消失,因为很快每个人都会意识到自己在其中不存在任何自由和保障。"

谢洛德说:"可不可以这样认为,自由制度作为一种社会制度,是一种保护大多数人自由的制度。"

卡宾说:"我倒觉得说'一个社会的自由制度是保护大多数人尽可能多地享有自由的制度'更恰当一点。"

斯蒂文森说:"自由不是为所欲为,也就是说不是毫无限制,最完美的自由大概是没有阻碍,当然别人的自由永远是自身自由的界限,没有阻碍的意思是相互平衡,是一种和谐。而所有的努力都是向这样一个目标前进,好的自由制度就是要保障人类整体向这样的目标接近。"

霍克已被这个问题绕晕了,"可是一个社会除了社会制度还有道德体系呢?"

谢洛德说:"道德再怎么样也是一个社会范畴的概念,而且是一个评价性的体系,善与恶只是道德的两极,很多的行为都在这两者之间。"

斯蒂文森说:"人在社会中遇到的问题其实只有一个——就是与他人的关系。所有社会问题都是由此而生的。"

霍克努着嘴说:"还是有些不明白,这样总结是否……未免太简单了吧!"

卡宾想了想,"还有更多的吗?我倒觉得总结得很好,不过还是请斯蒂文森先生再多解释几句吧。"

斯蒂文森接着说:"道德、法律等制度的目的都在于使社会中人与人之间相互协调,共同达到对每个人都最为有利的结果,刚才说到正义,我想这个标准也适用于正义。

"在现在的实际情况下,我们能发现,一些单个人不会出现的问题在多人的情况下就会出现,比如你有言论的自由,你随口说'张三做人不厚道',并且这个'张三'并没有具体指某个你认识的人,这时如果只是一个人就没任何问题出现,但如果你说话的场合有多人在场,并且其中恰好有一人叫'张三'或者其中有人认识一个叫'张三'的人,事情可能就会变得复杂起来,即便是在你酒后说的醉话。这件事情可以发展成很多可能的结果,比如,在场的人都很信任你,于是大家就会接受或者把你的话当成建议认为这个'张三'不厚道;也可能大家都不知道有这个'张三',于是联系到某个姓张的人身上;也许有些人领会出别的含义,并认为你在影射某人;如果你的确喝醉了,或者大家仅仅以为你是头发昏而说的胡话……这是在假设你与在场的人相互信任时可能的样子,还有一种可能是在场的人有与你平日就不和的,于是事情可能越闹越大,背后说闲话的,挑拨是非的,即便你真的喝醉了,他们也会说'酒后吐真言嘛'……"

谢洛德说:"弄不好最后还要扩大为'诽谤罪'被起诉,于是又有加入调查的,结果可能会无中生有,也可能会澄清事实。但总之,没问题变成有问题,简单的问题变成复杂的问题。"

卡宾说:"原因很简单,(言论的)自由不能触犯他人的权利。"

斯蒂文森说:"这就存在一个社会对个人的制约问题——社会

制度的出现,任何社会制度都应该努力做到保护尽可能多的人的利益和各种需求,由于人与人之间的利益和需求总会有冲突和矛盾的时候,因而一个好的社会制度就是在平衡每个个体利益与需求的基础上保护了大多数人的制度。"

霍克皱着眉头,"卡宾刚才说到自由制度的时候,好像就是这么说的。"

斯蒂文森说:"我难道不能从中受到启发?!"

谢洛德点着头说:"没看出来,斯蒂文森先生对社会问题还有这么深的研究呢!如果这样说,那么就好理解正义、公平、公正、平等、民主等有关社会的概念了。"

霍克又问道:"还有良心呢?放在哪儿解释?"

卡宾说:"我觉得'良心'是对'善'以及社会制度的认可程度,还不完全是社会可以规范的或者用某个制度加以保障的。这是一个道德概念。"

霍克说:"大家都具有了'良心',社会岂不是最和谐?"

谢洛德说:"当然是,可这也正是社会追求的结果,追求的结果当然是没有实现的,何况'良心'还有程度的大小呢!这的确是一个道德问题,但不是制度问题。"

卡宾忽然说:"这些观点我好像很早以前就听过,只是记不起来了。"

霍克调侃道:"是吗?是战争以前吗?"

卡宾并没在意霍克开玩笑的语气,他的思绪一下回到了一个场景,他拿着枪向一个也叫斯蒂文森的战友跑去,可是在那之前呢……

曾经的记忆好像就来自在那之前……

霍克看看卡宾,笑着说:"说不准是前世的记忆!"

斯蒂文森也似乎回到了某种记忆里,轻声地自言自语道:"我们是谁的今生,又是谁的前世……"

谢洛德打断斯蒂文森的思路,"你好像对中国的古人挺了解的?"

"是呀,精神分析嘛!"

卡宾问道:"有什么关系?"

斯蒂文森有点神秘又带点骄傲地说:"中国更注重对事物的体验,精神分析当然与此有关,不仅如此,还与印度的思想、禅的文化等相关。"

谢洛德想起了什么,"对了,斯蒂文森先生,听说你会催眠治疗术?"

"你不会想治疗什么吧?"

谢洛德笑着说:"我想试试,从中也许会发现要治疗什么。"

"试试?"

"怎么,不会是不灵吧?"

"没什么灵不灵,在催眠状态下,我只是引导你,所有的状态都是你自己的。"

两天后,斯蒂文森拗不过谢洛德,结果卡宾也要来凑热闹。

四、回到光之中

> 现实世界不过是可能世界中最完满的一个。
> ——莱布尼茨

斯蒂文森的办公室宁静、朴素,光线淡淡地穿过窗子照射到房间里,灰尘在光中舞蹈,令人想起遥远的童年和年少时的午后。

谢洛德和卡宾对这个地方感到陌生,却又带着些亲切。

谢洛德问斯蒂文森:"是用一个怀表晃来晃去吗?"

斯蒂文森笑着说:"如果你喜欢那种形式当然可以。"

卡宾也好奇地问:"难道还有其他的办法?"

"哈……其实用一根手指也没什么分别。"

谢洛德又问:"我们单个来,还是一起? 能一起吗?"

卡宾说:"不会吧,同时催眠咱们两个?"

斯蒂文森问他们:"你们愿意哪种方式?"

卡宾说:"一起吧,这样节省斯蒂文森先生的时间。"

谢洛德点点头表示同意。

这时谢洛德和卡宾闻到一种淡淡的香味,这种香味使人的情绪片刻间变得格外宁静。好问的谢洛德此刻竟然只想躺在躺椅上静静地欣赏光中飞舞的灰尘,随着情绪陶醉在那香氛之中。

卡宾醒来的时候,阳光就照在他的脸上,听见妈妈在楼下做早点的声音。卡宾似乎闻到一股淡淡的清香,回想着刚才的梦,"我好像昏昏沉沉地睡着了,原来是在做梦。"听见妈妈喊他下去吃早饭,才想起今天还要去找谢洛德借书。

骑上单车,迎着多日未见的阳光和春日的微风,在田野中的街道上有种飞翔的感觉。

谢洛德打开门,"怎么才来,我还以为你不来了呢!"

"怎么会,我做了一个奇怪的梦,现在想起来还有些奇怪。"

"不过是梦嘛,奇怪不是正常的?!"

"那倒也是。"

复习完功课,卡宾拿着借来的希腊语的书要回家。谢洛德又问道:"你讲讲你做的梦吧。"

卡宾问他:"你怎么又感兴趣了?"

谢洛德说:"我想学习学习对梦的分析。"

"好吧,我梦见我们回到了大概一百多年前的战争,但是我好像认识你又不认识你。"

"什么叫好像不认识?"

卡宾也说不清楚是什么感觉,"反正就是觉得似曾相识,后来战争结束我们到了同一所学校学习,但是又互相不知道,直到有一天我无意中发现你的一个笔记本,再后来我们一起上一门心理学老师的课,我记不起老师的名字了,课后我们就一起讨论问题。有意思的是,现在想起来梦里说的话很多都是我们现在学的知识。"

谢洛德听得很投入,"然后呢?"

"然后你想让心理学老师给你催眠,因为他好像是研究精神分析的,于是他就答应了,后来我也要一起跟着去,到了他的办公室,我闻到一股清香,后来就醒了。我醒来后觉得那股香味好像是我妈妈做饭的味道。然后我就来找你了。"

谢洛德感觉这个梦还没完似的,"那你被催眠后脑子里是些什么?"

"我不是说了,我就醒了吗?"

"噢,那我也被催眠了?"

"梦里是这样,你刚才还说不过是一个梦,现在又刨根问底的。"

"好吧,我记下来了,我要好好分析分析。"

卡宾感觉谢洛德比他的梦还奇怪,"好吧,我先走了。"

时间过得很快,转眼就到了假期。

这一天,卡宾照常到公园去学希腊语。远远地看见谢洛德正在背书,卡宾听说谢洛德又在学什么梵语,他快步走到谢洛德身边,大声说:"嗨,你能不能少学几门语言,难道你想成为第二个上帝吗?"

结果两人商定去弗涅尔谢洛德的爷爷家过假期。

在那里,卡宾与谢洛德遇到了很多奇怪的事,一天,卡宾、谢洛德还有谢洛德的妹妹谢洛丝、朋友海丽跟着一支探险队进到村子里的一个地洞里。

在潮湿的洞穴里他们发现一个出口,四人陆续走向外边,卡宾走到洞口,被阳光刺得眼前一片金光。

卡宾终于看清了眼前的一切,灰尘仍在光柱中飞舞,淡淡的清香仍在鼻畔,是宁静、朴素的斯蒂文森先生的办公室。

"醒了,"斯蒂文森说,"经历了些什么?"

谢洛德说:"我回到了前世,噢,不对,好像是来生!不对,好像是过去,又好像是未来!"

斯蒂文森奇怪地问:"你到底想说什么?"

卡宾还在愣愣地回想刚才的经历,这时说:"你先说说怎么回事吧。"

谢洛德点点头,"好吧,我回到……反正你来找我借书,后来给我讲了一个梦,说你梦到……等我到了山洞的出口,眼睛被阳光一刺就醒了,原来是这里的阳光。"

……

斯蒂文森听完又问卡宾:"你呢?"

卡宾心里有些怪异的感觉,"我那天起来……"

谢洛德听着,张大了嘴。

斯蒂文森耸耸肩,"那就这样吧!"

谢洛德说:"这是怎么回事?你总要解释一下吧。"

卡宾说:"是我们被催眠的世界更真实,还是现在的世界更真实?"

斯蒂文森说:"那要看你怎么解释'真实'了,曾经有人说过'有很多个可能世界,因为世界上的事物可以有千变万化的组合方式,而现实世界不过是可能世界中最完满的一个',仅此而已,如果只在一个世界上的真实,你说算不算?"

谢洛德争辩道:"每个人都只能活一次,那就永远无法证明了,难道我们活着也不真实?"

斯蒂文森说:"也许,为什么不可以?"

卡宾问道:"那我们现在是什么?"

斯蒂文森反问:"那你们被催眠的世界又是什么?难道现在不能是那个世界里的你做的梦或者仅仅是被一个心理学者催眠?"

谢洛德接着问:"可是你呢?总不会我们三个人做梦做到一起了!"

"你做一个梦,难道要梦中的所有人都做同一个梦吗?"

卡宾说:"那我们俩的梦为何一模一样?"

"你怎么知道现在是你们两个人的梦,而不是咱们其中一个人的梦?"

"那什么才是真的?我们怎么判断现在是梦还是现实?"

斯蒂文森又反问道:"为什么要知道现在是梦还是现实?有什么区别吗?你刚才不是也说'我们活着'吗?无论是在梦中还是在现实中,只要你认为自己是在活着,那就好好地活着好了!"

"可是……"

却不知可是什么?……谁又能知道?

> 人类除了自身的自然本性即动物性以外,社会性是人之所以为人的特点,但也正是这种社会属性使人类自身的问题变得错综复杂。社会学把人类社会作为一个整体加以研究,而伦理学、道德哲学、政治哲学则从不同的角度和方面研究人在社会中所遇到的种种问题。

人们通过不断思考善、正义、自由、民主等概念,使对自身的认识以及对人与人之间的关系的认识不断深刻,虽然不同的思想家对这几个概念的偏爱程度和认识角度有所不同。但我们可以期待终有一天人类可以站在最高点回顾这段漫长的探索旅程,并发出会心的微笑。

　　现在的人们,尤其是在城市里生活的人们往往爱说:"只要每一天快乐就好!"可是怎样才是快乐?如果大家都已经找到了答案,恐怕就不会时时把这句话挂在嘴边了,看来如何找到快乐还是一个问题。这个问题的根节并不在于是否选择快乐主义的信条,因为放纵自己的欲望并不一定比禁欲更快乐,犬儒学派的第欧根尼就曾因为亚历山大大帝挡住了他晒太阳而发火,"闪开,别挡住了我的阳光!"他生活在一个木桶里,他因此感到快乐,并感受到了幸福。

　　有一句话适合道德的规范,同时又符合社会的体系,那就是《论语》中记载的孔子的一句话:己所不欲,勿施于人。只是想做得完满真是太难了。

第五章
真象？假相？

一、何时能醒？

> 不知周之梦为蝴蝶欤，蝴蝶之梦为周欤？
> ——庄子

杜力是东方大学的综合班老师，年轻有为，性格温和。

窗外的细雨就像淡淡的雾，杜力想，这样的时光才带着诗意。可是下午偏偏要来一个什么心理学教授，而且还是研究精神分析的，他真会选日子，却破坏了我的心情。不知道这样的情绪代表什么样的精神状态？

心理学讲座安排在学校礼堂进行，杜力一想到这位教授将要面对上千个空位子的表情就情不自禁地傻笑起来。这种带有报复心理的"拆台"情绪不知能否在今天下午得到医治？

杜力后悔没早来一点，好不容易在第三层最后一排的角落里找到了一个座位，礼堂的音效很好，能保证大家心情安静且不易睡着。

刚坐下就听见介绍语的最后一句，"现在请斯蒂文森教授给我们讲课。"

这个斯蒂文森大约有七十多岁的样子，他用标准的中国话说：

"我一直对东方的思想和思考方式很感兴趣,因而我的思想中很大一部分就是来自这片土地,不过我还是第一次来到这个国家,虽然我坚信我的前世就是一个东方人,不过至今还未得到证明。"

下面就有人问:"难道有证明的可能?"

"回答是肯定的,因为我有两个学生,我在他们身上已经得到证实,不过现在我还要为五十多年前的试验付出代价。案例部分我一会儿就会讲到……"

三个小时的讲座,吸引杜力的就是那个案例,杜力似乎陷入了遥远的回忆,他正在感受斯蒂文森说的两个学生谢洛德和卡宾的真实状态。讲座结束后,杜力一反常态,找到主讲人斯蒂文森先生询问他那两个学生现在的状态到底怎么样,斯蒂文森说:"我还不是很清楚,但卡宾似乎已经把催眠中的景象当成真实世界了,而谢洛德似乎是无可无不可的样子。"

杜力说:"这倒令我想起庄周梦蝶的故事,不知周之梦为蝴蝶欤,蝴蝶之梦为周欤?"

斯蒂文森说:"这个说法很好,你倒提醒我了,我要好好看看庄子的书。不过,我们现在的立场还是站在庄子的角度,而不是蝴蝶的角度,毕竟我们不是蝴蝶,并不知道蝴蝶是否也做梦。当然,是不是'蝴蝶'并不是这句话的关键,把'蝴蝶'换成老虎、狮子、青虫都没问题。"

"你说我们不是站在蝴蝶的角度,我觉得有问题,因为你已经断定现在不是蝴蝶的梦才这样说,"杜力忽然压低声音接着道,"可是,我们现在就在蝴蝶或者老虎、狮子、青虫的梦里呀!"

斯蒂文森忽然感到一种神秘包围了自己,向四周观望了一圈,生怕把什么惊醒了似的,说话声音也变小了,"那岂不是无法证明?"

杜力被这位老者的表情弄得有些愉快起来,"那要看是谁在做梦,只有等做梦者醒来才知道。"

斯蒂文森说:"等到醒来,就不用证明了,他(她)已经知道是梦了。"

杜力说:"可是庄子就高明在这里了,他正好是等到醒来的时候才发现不能确定是不是梦了。"

斯蒂文森说:"是不是可以这样理解庄子的状态,他开始意识到自己是否存在了?也不对,如果已经意识到自己,就说明自己已经存在了。"

杜力说:"也许是蝴蝶在梦里开始意识到自己的存在了。"

斯蒂文森说:"如果所有的问题都归结到做梦,那什么都说不清了。"

杜力说:"也是,可是又何必都说清,虽然我们可能是在某个东西的梦里,那就好好地在梦里吧。"

"谢洛德就像你现在这个状态。"

三天后,斯蒂文森正式邀请杜力与他同行。

到了飞罗城,杜力才知道斯蒂文森的实际年龄比看上去还要大几岁,他的两个学生谢洛德和卡宾都已七十多岁了。

听了杜力的意见,卡宾高兴地说:"你就是我梦中的自我意识,提醒我现在不过是我的幻象。"

杜力惊讶。

谢洛德问卡宾："你的这个梦也太长了,害得我也跟着在梦里活了几十年,你什么时候才醒呀?"

杜力说:"你既然说是在梦里,并且又说的确见到了真实的你,那就不用着急要醒了,反正总会醒的,何况你也左右不了!现在你还不如好好地在梦里活着,何必折磨自己那么久?"

斯蒂文森喝了口咖啡,"他也并没折磨自己,只是带着这种情绪看待世界而已。"

杜力插话道:"你们喝了几十年咖啡,还不烦?"

卡宾说:"其实对做梦者来说只是一小会儿的事。"

杜力忽然觉得卡宾的话不无道理,心想:"人生天地间,忽然而已!即便这是一个真实的世界,又何尝不如卡宾所说。原来这倒是对世事的明了与智慧呀!"

杜力想起来斯蒂文森曾说过可能世界的事,就问他们:"后来你们得到什么关于可能世界的结果吗?"

谢洛德看看卡宾,"那是先要承认这个现实世界的。"

卡宾呵呵地笑着,"当然承认,我都在这个世界经过了七十多年了。"

杜力也听不出卡宾是真的相信,还是无奈了。

斯蒂文森说:"问题在于可能世界是相对现实世界来说的还是独立的。"

杜力未加思索地问:"什么意思?难道有区别吗?"

卡宾说:"当然有区别,如果是独立的,那么现实世界就是其中之一,而且仅仅是其中之一而已。"

谢洛德接着说:"那就是说,还有无穷多个世界存在,在其中的一个世界甲里我们现在可能正在打扑克,在另一个世界乙里我们现在可能都各自在家吃饭,在丙里正在游泳,等等。"

杜力说:"那怎么可能,至少我要问如果这样的世界存在,那些人还是我们吗?如果不是,就没法说明其他的世界存在,而只能肯定现实世界是唯一的,而且是唯一的可能世界。"

斯蒂文森说:"如果说完全一模一样,那就没有增加可能世界的必要了。如果是其中一个世界上的你比现在的你少一个细胞,你说还是不是你?"

杜力想了想,"大概还是吧!"

卡宾说:"那么那个你所在的世界不就是一个与现在不同的世界?"

杜力说:"这样说我就更不明白了,好像的确存在一个与这个世界不同的世界,而且还能从望远镜里看到似的,那是外星人,不是我们!而且为什么说那些世界是可能世界,而偏偏这个世界就是现实世界?"

斯蒂文森开玩笑地说:"哦,我想这一定是神的选择!"

杜力不依不饶,"那就正好说明我们这个世界是虚幻的。"

斯蒂文森有点纳闷,就凭这一句话这小子就判断说世界是虚幻的,"你有什么理由?"

"这个世界是神的选择与这个世界在一场梦里有什么分别?"

谢洛德说:"不是说这个世界就是现实世界,别的可能世界就不能成为现实世界,否则也不会称为可能世界而叫不可能世界了。而是说现实世界是这样的,所以这个世界才成为现实世界。另一个可能世界里的人也认为他们的世界是现实的。"

杜力说:"我不能接受现在还有无穷多个我在可能世界中做与现在不同的事,而只能相信另外一种情况。"

卡宾本想说什么,这时问道:"你想到了什么?"

杜力说:"我相信:如果我昨天剃了光头,那么现在坐在这儿的就是另外一个光头的我在和大家说话。我相信那样一个世界对现在来说是一个可能的世界,只是那种可能性现在看来没有实现而已。"

斯蒂文森说:"也就是说,世界只有唯一的一个——那就是现实世界,而这个现实世界将会成为什么样子是可变的,这种可变性就是可能的世界。"

杜力说:"就是这个意思。现在我不可能存在于另一个可能世界里并且正在雨中写诗,除非我提前计划好今天的这个时候我要到一个下雨的地方并要在雨中写诗,那我现在才可能在雨中写诗,但那个可能的世界并不是独立于这个现实世界的,而是说这个现实世界是以那样一种方式存在了。你们呢?又会在干什么?"

卡宾说:"如果你不来,我会在晒太阳。"

谢洛德说:"我在写回忆录。"

斯蒂文森说:"我在想他俩的病好了没有。"

杜力说:"那明天呢?明天又是一个可能世界,你们会以怎样的方式实现它?"

卡宾小声地嘟囔着,"但愿能醒来。"

杜力忽然说道:"你们说梦境是不是另外一个与我们同时存在的可能世界?"

卡宾的眼睛一亮,"现实世界中我们在睡觉、在做梦,而梦里的我们却没有睡觉!而且是同时发生的。"

斯蒂文森说:"即便梦里也在睡觉也没关系,甚至在做梦也没关系。"

谢洛德说:"但那也是现实世界的一部分,即便在同一时间、同一地点现实世界与梦境同时出现了,也只说明现实世界具有这样的特性,谁说现实世界就不能做梦,做梦本来就是现实的,我看不做梦才是另一个可能世界、不现实的世界呢!"

卡宾说:"但是梦的内容呢?难道也是现实的?"

斯蒂文森说:"不过这两个现实并不是一个意思,'现实世界'的'现实'是指我们在的这个世界是实在的,是与可能世界相对应的。而我们说梦不是现实的,是指梦境不符合现实世界,是不真的,而它恰恰存在于这个现实世界中。"

杜力又说:"但有人正是按照梦里的样子做的,从而成为现实的,这难道不是从可能向现实的转变?"

斯蒂文森说:"的确有这样的事,不过,这只说明梦提供了想法,但是实现仍是在现实世界中完成的,换句话说,梦境给现实世界提供了一种可能性,但不能由此说梦本身是一个可能世界。你刚才不也说了吗,可能世界是可以在现实世界中实现不同结果的可能性,而不是存在与现实世界相平行的可能世界。"

杜力又问:"这个问题是明白了,可你刚才说不符合现实世界就是不真的,又如何理解?符合现实的就是真的吗?"

卡宾有些疲惫地站起来,"我现在感觉累了,但不知道是不是真的。"

杜力奇怪地道:"为什么不知道?"

"这要看这场已做了七十多年的梦何时能醒来,到时才知道现在的'累'是不是真的!"

夕阳西下,杜力眼前一下变得暗了很多,杜力坚信自己是真的累了,并决定明天睡个懒觉,千万不要太早醒来!

二、钓上来的是鱼吗?

> S在L里真当且仅当p。
>
> ——塔斯基

杜力在研讨会结束后一个人漫无目的地闲逛,渐渐地走到了离飞罗大学不远的一条河边,河岸毫无修饰,带着泥土的气息。

远处有几个老人戴着草帽在河边钓鱼,看侧影像是斯蒂文森他们。

"我从远处就看着像你们,你们把我安排着去参加什么研讨会,自己却到这里享受阳光。"

卡宾看了看钓上来的一条形状古怪的鱼,随手又放回到河里去了。这时偏过头米说:"我们以为你更喜欢研讨会,毕竟你还年轻,总不能像我们几个一样成天在河边钓鱼吧?"

杜力语速缓慢地说:"为什么不能?年轻才更要多享受一些时光呢!"

谢洛德说:"只是我们没想到你会认为与大家交流研讨是件难受的事而不是在享受。"

杜力说:"我可没说,不过非要严肃地坐在一个地方,为了研讨而研讨就觉得不那么自在,也不觉得特别愉快,反而有些疲倦了。"

"那你喜欢什么样的研讨?"

"随便聊聊。"

斯蒂文森这时钓上一条大鱼,"哈哈,我赢了。"

原来他们在比谁钓上的鱼大。

斯蒂文森掏出一个古老的烟斗,吐一口香浓的烟,"是呀,这里多好。"

杜力赶紧接着说:"我还在想关于真的事。"

卡宾问:"什么事?"

"什么才是真?"

斯蒂文森反问他:"你说呢?"

杜力想了想说:"我记得亚里士多德说,'把是的说成是,把不是的说成不是,就是真;把不是的说成是,把是的说成不是,就是假'。"

谢洛德说:"这样说没错呀,我就挺赞成。"

斯蒂文森说:"只要与事实相符就是真的,否则就是假的。"

卡宾说:"'刚才我钓到一条古怪的鱼'是真的吗?"

谢洛德问他:"难道是假的吗?"

杜力这时也在心里想,"没错呀,是钓了一条古怪的鱼呀!"

卡宾说:"首先,这条鱼是不是古怪的,并不是一个确定的事实,因为有些人比如渔民可能经常见到就不觉得古怪;其次,我们必须先知道它到底是不是一条鱼,也许是别的什么;再者,我们还必须知道什么是'钓',对一个从未听说过钓鱼的人来说,'钓'是一个未知的字,他如何理解上面说的那句话?"

斯蒂文森说:"在判断真假的时候的确需要一些条件,但并不能否认'与事实相符'这个标准。当你说的那几个条件都得到解决以后,不是还要判断你说的话是真是假吗?如果大家都明白你刚才的动作叫作'钓',并且钓到的也的确是一条鱼,而且还是一条古怪的鱼,那么你说的话就是真的,而不是假的,因为它符合事实。"

谢洛德接着说:"如果你钓的不是一条鱼,当然也不是古怪的鱼,那就是假的,因为与事实不符。你看,真假还是要看与事实是否符合。"

杜力这时说:"'我相信卡宾先生是个好人'是真是假?"

卡宾说:"谢谢,不过这可要经过事实检验哟。"

谢洛德说:"如果卡宾先生被证明是一个好人,就是真的,如果不是就是假的。"

杜力早已准备好了接下来的问题:"但是无论卡宾先生本人是真的好人还是假的,我只是说'我相信他是个好人',事实是我的确相信,即便他是坏的也与'我相信'无关,那么我的这一判断的真假由谁决定?"

斯蒂文森说:"由是否与你的真实想法符合来决定,如果你确实相信,就是真的,如果你不相信,就是假的。"

杜力强词夺理道:"可是如果我不相信,却偏偏这样说,虽然我自己知道是假的,可是别人又怎么判断呢?而且如果我是一个有影响的人物,就会有许多人相信我说的话,这样岂不是把假的变成真的了吗?这样的事在历史上可以说是屡见不鲜呀!"

斯蒂文森说:"没错,这就叫迷信权威,除此之外还有因袭习惯,屈从偏见,盲目无知,这些是掌握真理的四大障碍。"

杜力问:"谁总结的?"

"培根。"

"怪不得蛮精辟的样子。不过,不迷信权威并不就意味着一切都要反对权威,相信离迷信还有一段距离,反对权威并不是标榜自己的理由。"

斯蒂文森笑着说:"你是让我们相信你!"

杜力呵呵笑道:"我可不是什么权威。"

谢洛德说:"至少你的话符合塔斯基关于'真'的规定,'S 在 L 里真当且仅当 p'。"

"什么意思?"

"S 就是你说的话,L 就是你,p 就是你说的内容。翻译一下就是:'我相信卡宾先生是个好人'对于杜力来说是真的当且仅当杜力相信卡宾先生是个好人。"

杜力愣住了。

卡宾说:"塔斯基还说过这样的话!但是这不过是同义反复,跟没说又有什么区别?"

斯蒂文森说:"塔斯基的确自己也承认并没有给'真'下一个定义,而只是在形式化、精确化的意义上表述了亚里士多德的意思。并且他也只对在 L 中真的做出了判断,而不是普遍通用的真的定义。"

杜力说:"这与我刚才说只有我自己知道这个判断的真假也没什么分别,因为这里的 L 指的就是我。"

卡宾说:"看来关于'真',并没有一个普遍的描述。"

杜力说:"如果是这样,就一定还有其他关于'真'的不同理解。"

斯蒂文森说:"当然还有,就有人说了,真理其实就是经验与经验之间的关系,实用主义者认为一个概念的意义是运用这个概念产生的结果来确定的;还有的认为真理是一个稳定的信念;甚至只是能够容纳众多经验的一个一致性系统。"

杜力摇摇头说:"不太明白。"

斯蒂文森开始解释,"如果一个所谓的真理对人的行为没有任何指导意义,那还能称其为真理吗?或者说还有保留这样的真理的必要吗?又比如一个所谓的真理,如果对人的行为指导总是导致错误,那还是真理吗?"

杜力说:"这样说的意思好像并没有讨论真理的本质,而是指责讨论空洞概念,甚至仅仅是一种不满的情绪。当然,我们不需要无用的真理,有必要用奥卡姆的剃刀统统剃去,但却也不能反过来就认为有用的就是真理。"

"没有人说'有用就是真理',这也未免太庸俗化了。"

杜力说:"好吧,我承认这样说有一定的道理,但不是我想要的解释。再有就是说'真理是一个稳定的信念',是不是太偏激了?那样一来,固执岂不是也变成某种真理的表现形式了?也只能说有点道理,但还是不够。最后那句话是什么意思?好像有点意思!"

谢洛德说:"你全都评价完了,还有什么好问的?你自己说吧。"

"我真的不明白了。"

斯蒂文森说:"说得简单点,经验与经验之间有各种关系,人们总结出它们之间的某些固定关系,比如因果关系,但随着经验的增加、变化,有些以前认为正确的关系可能出现了问题,如果出现了矛盾,就说明这样的一个经验系统不一致了。而如果一个系统尽可能多地容纳了经验,并且始终保持一致,那这个系统就是一个真理的体系。"

卡宾说:"但这个体系就不可能是确定的,或者说是要发生变化的,是不是意味着没有永恒的真理?"

谢洛德说:"我从来不乞求能发现永恒的真理。"

杜力说:"至少到现在是如此,遗憾的是现在就连是否有终点都搞不清。"

斯蒂文森说:"其实黑格尔就认为真理是一个过程,是理念,不过他认为存在最高的真理——'绝对精神'自我运动的最高级形态;而莱布尼茨认为真理分为'推理的真理'和'事实的真理',推理的真理是必然的、普遍的,事实的真理是偶然的,但是又有充足理由的,这又与他自己提出的可能世界有关联;也有人认为我们所能掌握的永远只是部分真理。"

杜力说:"原来可能世界是他想到的,他的意思是不是说,事实的真理是存在于现实世界的? 那推理的真理呢? 怎么理解?"

谢洛德说:"后来的逻辑学发展后,有逻辑学家认为所谓必然真的就是在所有可能世界中都为真的,而真的只是在现实世界为真。"

杜力说:"那什么样的是必然真的? 举个例子。"

"比如逻辑学里最简单的一个蕴涵式:$p \to p$(读作:如果 p 那么 p,或 p 蕴涵 p),假设此时 p 为'天在下雨',代入就是,如果天在下雨,那么天在下雨。"

"这还不是同义反复?"

斯蒂文森这时说:"现在只问你是不是必然的。"

"是。"

谢洛德又说:"其实推理的真理并不是每一个都是同义反复,比如说所有的天鹅都是白的,这是一只天鹅,所以这只天鹅是白的。没有反复吧。"

杜力简直感觉像是被欺骗了一样,"可是凭什么说'所有的天鹅都是白的'?如果已经这样定了,当然知道每只天鹅都是白的,这还用推理吗?何况也不是必然的,如果有一只黑天鹅呢?"

谢洛德说:"别着急,'所有的天鹅都是白的'当然是来自经验,也就是说用了归纳法,归纳法不能保证结论是必然的,这没问题;但是现在我把上面的推理改成:如果所有的天鹅都是白的,并且这是一只天鹅,那么这只天鹅是白的。怎么样?"

杜力想了想,"这好像跟天鹅是白是黑没什么关系了,因为无论天鹅是白是黑这个推理总是成立的。"

谢洛德说:"这就是推理的真理。"

杜力点点头说:"是,可是这又有什么意义?"

卡宾也点点头说:"孺子可教也。"

谢洛德情绪越来越好了,"也就是说,这里保证这个推理正确的不是里面的内容,而是形式。"

杜力好像有些明白了,"只要找到了一个正确的推理形式就能保证推理的真。这倒让我想起了毕达哥拉斯,他说世界就是数,岂不是找到了一个最好的形式。"

卡宾说:"所以我们讨论真理也要注意是在什么意义上谈论真理的,在本体论还是认识论还是仅仅在语言学上。"

杜力说:"这样看来,毕达哥拉斯和黑格尔是从本体论上讨论问题的,而塔斯基则是语言学的,其他的是认识论上的。可是现在我又有一个疑问,既然找到这种思路为何哲学等社会科学仍不能像自然科学那样稳步发展,而总是在不停地争论呢?"

斯蒂文森说:"你意识到了这个问题,莱布尼茨也意识到了,其实不是先有这种思路,而是先有你刚才说的疑问,才有这样的思路。莱布尼茨正是基于这样的疑问,所以他说大家能否不再争论而是找到一种方法,遇到问题时能像数学家一样坐下来演算一下,算出是什么结果就是什么,而不必再费口舌争论最后还没有解决问题。结果就使得现代逻辑学有了一个突破口。"

杜力有些惊讶地问:"思想也可以被计算了?"

谢洛德说:"这种计算就是在刚才说的形式化的基础上来进行,这样就可以抛开很多不必要的争论,而这些争论往往是争论的人在概念上的含混不清,彼此不能统一,到最后发现原来说的不是一个问题。"

杜力说:"这样看来,首先要明确的就是概念。当要发生争论的时候,双方先把各自将要使用的概念明确一下,然后才能有目的地进行下去,这样才能有点意义嘛!"

卡宾说:"就是这个意思,这样可以避免不必要的麻烦。"

杜力接着自己的思路说:"那么,对概念的统一认识就是前提。"

斯蒂文森也说:"当然。"

杜力又问:"可是如果从一开始就对概念开始争论了又怎么办?"

斯蒂文森说:"这的确是个麻烦,不过至少有一点是明确的,使用概念的人自己很清楚,别人如果不同意他的观点,也必须在清楚的概念下进行反驳,这就会有两种不同的方法。一种是认为概念本身就不准确,从而提出新的理解;第二种办法是认可同一个概念,但对观点和所下的判断或推理不同意,提出反驳。"

卡宾说:"你发现没有,里面存在三个词——概念、判断和推理。"

杜力点点头,严肃地说:"我发现了,我先说说我知道的,概念是对一个事物区别于其他事物的本质属性的描述;判断是事物之间的关系;推理是多个前提(判断)按推理规则得出结论的过程。"

卡宾感觉很无趣,"你知道的还挺多嘛!"

这时听见校园里传来浑厚的钟声,杜力奇怪地问:"这是干什么?"

斯蒂文森说:"我们该回去休息了,下午你还要去参加研讨会,钟声是报时的。"

谢洛德问杜力:"是不是不想去了?"

"去,本来不想去的,现在决定要去了。"

"为什么?"

"晚上我们到斯蒂文森先生家再说,我现在要去喝杯咖啡。"

三、并没有看上去那么完美

> 逻辑是世界的一面镜子。
>
> ——维特根斯坦

杜力在下午的研讨会上格外活跃,因为下午的主题就是关于思维的演算——逻辑学的。

晚上杜力来到斯蒂文森先生家,斯蒂文森的家规划、布置得很像一个传统的中式院落。

斯蒂文森说:"怎么样,有没有回到故乡的感觉?"

杜力努努嘴说:"据我的判断,这应该是我爷爷的爷爷的故乡。"

卡宾说:"别管他了,他是照着一本古书上的样子布置的,大约是几百年前的模样吧。"

晚饭后,谢洛德问起杜力下午为什么一定要去参加研讨会,"你不是觉得没意思吗?"

杜力说:"下午的主题是关于逻辑学的,本来兴趣不大,可是听你们说到逻辑后我觉得这好像是最有意思的事了,岂能错过这个机会。"

"结果呢,有什么收获?"

杜力感慨地说:"发现不仅逻辑学的内容很复杂,就是关于逻辑本身的思考就很复杂。"

"这有什么区别吗?"

杜力说:"我说的关于逻辑本身的思考指的是诸如什么是逻辑的研究对象,逻辑与世界的关系,等等;而逻辑的内容指的是各种推理与逻辑系统,它们之间当然有区别。"

斯蒂文森说:"这就像数学公式代替不了数学思想一样,会做数学题并不一定知道题目后面的思想。"

谢洛德说:"说是这样说,不过我觉得数学会做题就行了,干吗要知道什么思想,更何况每一道题后面未必都会有思想!"

杜力说:"如果只要求会做几道题目,当然也无所谓,不过数学家从来不是只会做几道题,而且他们也从来不是把精力放在做题上。做题的意义不在于做题,而是为了理解题目后面的思想。"

斯蒂文森说:"所以如果你已经理解了一个数学思想,做题就仅仅是熟练或者验证而已。"

谢洛德也问道:"那请问 1＋1 后面的思想是什么?"

杜力假装看着一个玉器出神。

斯蒂文森也只顾着喝茶。

谢洛德嚷道:"喂,你们两个?"

杜力恍然惊醒,"什么事?"

卡宾感觉好笑极了,"为什么不说了?"

杜力看着斯蒂文森,"我以为他会回答。"

斯蒂文森说:"我又不是数学家,我怎么知道什么数学思想。"

卡宾说:"其实我也知道这其中有区别,而且还知道一些所谓的思想。"

杜力洗耳恭听。

"1+1等于几?"

"2。"

"为什么?"

"不知道。"

卡宾说:"现在先来说区别,知道 1+1=2 就是会计算了,会做题了;知道'为什么'就是知道后面的思想了。这就是区别。"

杜力说:"可是到现在我都不知道为什么,那么难道从小就不用学做题了吗? 不用知道 1+1=2 了吗?"

卡宾白了杜力一眼,"挺聪明的人,怎么尽问傻话。你又不搞研究,又不想成为数学家,又对数学没什么天分,你当然会做做题目,会计算计算就行了,但是即便如此,你要想学好也必须了解一些数学的思想。"

杜力说:"可是我的数学学得不错,却不知道有什么思想。"

谢洛德说:"你说的'学得不错'我们不知道又是什么意思。不过,你想再好一点恐怕就难了。"

杜力说:"你刚才不还说会做题就行了吗? 说变就变了!"

谢洛德没搭理杜力,"最简单的,你知道乘法是什么意思?"

杜力说:"乘法就是乘法,有什么意思?"

"你学计算的时候先学什么?"

"加法。"

"对,乘法就是加法的简化记法。"

杜力奇怪地问:"什么?"

谢洛德说:"2×3是什么意思?"

"就是2与3的乘积,还有什么意思?"

"2×3是不是表示3个2相加?"

杜力有些不解,"你当然可以这样说,因为它们相等嘛。而且还可以是2个3相加呢!"

谢洛德不理杜力的话,"乘法是人们发现的一种简化加法的记录方法,如果10个2相加,要写一大串,而记成乘法的格式就很简洁。然后在这个基础上进一步总结出乘法自己的规律,比如交换律、结合律等等。"

杜力说:"这样当然是有道理,难道就已经充分了,就没有其他的原因了?"

"我真想不出为什么还要有其他的原因?"

杜力对以往似乎十分明了的事开始有些动摇了:"那么加法呢?"并小心地猜测道,"又是一种简化吗?"

谢洛德说:"这就先要知道在学习加法之前还要学点什么。"

杜力说:"学习数字。"

卡宾这时插话道:"没错,数字也是要学习的,人天生并不知道数字是什么,而是从小由别人教会一个一个数数,可是为什么0后面是1而不是2、3或者其他什么数?"

杜力一时感到自己的智力好像被抽空了,心想,"这些问题是不是问题?可是总要有一个原因吧,为什么0后面是1,我从来没想过。可是我为什么没想过?"想到这儿,嘴里顺口说道:"难道是天经地义的?"

卡宾说："你说的也有道理,一个数后面还有一个数,后面的数字就叫前面数字的后继,0 的后继我们可以用 00 表示,00 的后继我们可以用 000 表示……"

杜力说："这样岂不是很麻烦?"

"你已经明白了,所以,我们为了简化,就把 00 写成 1,把 000 写成 2……"

"为什么不把 2 写成 3?"

"有区别吗?"

杜力这时有些明白了,"也是一种约定俗成,阿拉伯数字并不是唯一的数字体系,就好像汉字里用零、一、二、三……表示数字一样,还有希腊数字。这更让我联想起计算机里的二位制计数方法,不也能与十位制相对应吗?"

谢洛德说："根本原因在于对数字的理解。"

斯蒂文森说："而且这个二位制的记法据说与中国的《易经》有着密切的联系,《易经》上面不是讲'阴''阳'吗？那就是二位制!"

杜力静静地想："也许我真该用新的思路看看这些古典著作了。"

这时杜力才想起来,开始是自己宣称数学背后有思想的,到头来变成自己什么都说不出,倒是被卡宾和谢洛德教育了一番。

杜力转回话题说："这些是数学问题,那么逻辑呢?"

斯蒂文森终于插上话了,"现代逻辑学从一开始就是以关注数学、哲学等学科为责任的,构造逻辑体系也是为了解决诸如数学基础以及思想困惑的方法。"

卡宾说："关于刚才咱们说的数字的问题,其实是为了解决数学基础的，弗雷格发现数学作为自然科学的基础学科一直在稳步发展，但是到了较为高级的概念时却发现并不是很清楚，一点点向前追溯，发现其实人类对数字的理解也很模糊。他试图证明的不仅是数学基础的问题，而且也是客观规律是否可能的问题。"

谢洛德说："因为对任何问题的理解都有一个心理基础，那么就会有一个疑问：是否所有的知识都来自心理，只不过是一些心理过程？"

斯蒂文森说："当然要有这样的疑问，这就是被称为心理主义的观点。"

杜力说："我不管什么主义，但至少我知道心理过程并不能代表心理的内容。不过说到这里倒是让我感觉原本以为最具人类理性的数学也并非看上去那么完美！"

卡宾说："我倒是觉得'完美'只是人自身主观的感受而已，客观规律本身就存在着，人类掌握与否都是一样的在那儿，并没有完美不完美的区别。"

杜力说："但是如果没有人的主观，也就不可能存在客观。"

斯蒂文森说："你的意思是对人类而言，如果人类没有意识、观念、心理等主观因素，自然也就不会知道世界客观的一面，但是所谓的客观正是不依人的主观为转移的存在，这是世界的本性，并不会因为人的存在而改变。"

杜力点点头说："现在我多少有些理解维特根斯坦说的'逻辑是世界的一面镜子'的意思了。那意思就是说，逻辑反映的是世界客观的一面，它是不可违背的。"

谢洛德说："逻辑学的本性就是研究世界的必然性的，这个必然性在于世界本身而不在于人类的意识和想法,也不依赖于人类的经验。"

杜力说:"所以逻辑研究不变的形式。"

谢洛德说:"对,逻辑上的推理更在意的是形式而不是内容,所谓的逻辑常项就是指的不变的地方,'如果……那么……',这个形式就是逻辑要的,而不是省略号代表的那部分内容。"

杜力又问道:"我们试图发现的是世界的逻辑结构,但为什么逻辑学家又会构造出各种逻辑系统呢?难道客观的结构也能被随意地构造吗?"

斯蒂文森说:"这个问题我也有些迷惑,也许是我们并不了解这些逻辑系统到底是什么意思。"

卡宾说:"谁也不可能知道一切。"

杜力说:"但我想一定不会是随意地构造,一定要遵守一些基本的原则。"

卡宾说:"这倒是,比如同一律就不能违背,一个事物在每一方面都与自身相同,不可能不是自己。"

杜力说:"再把这些规律用符号表示出来,并且加以形式化,就是现代数理逻辑的表现形式了。"

谢洛德说:"这里面就有我们上午说到的真的概念了,比如同一律就是真的,它的真值就为真。"

斯蒂文森对逻辑的兴趣好像非常有限,"真值当然是真,难道还能是假。"

杜力说:"真值是一个叫法,它能取两个值——真和假。我也是今天下午才知道的,还是小声问的我旁边的同行。"

斯蒂文森说:"还是有些不明白。"

谢洛德和卡宾在想应该怎么解释。

杜力开口道:"就像我问你'这句话对吗',你可以回答'不对';一般要问'你的身高',而不问'你的身低';问'你多重',不问'你多轻';问'你多胖',不问'你多瘦';问……"

斯蒂文森打断杜力,"好了好了老弟,我明白了,问'这个式子的真值是什么',可以答是'真',或者也可以是'假'。"

杜力接着刚才的思路,"类似同一律这样的当然是真的,但是这样的规律并不多见。"

卡宾说:"当然不多见,这些规律是作为公理,然后加上一些能保证'真'的性质的规则,公理在规则下就能推论出更多的定理和结论,因为公理是真的,规则又是保真的,所以结论就是真的,逻辑系统就是这样建立起来的。你刚才问的不同的逻辑系统,一定还有自身特殊的地方,但是基本也是按照这样的原则进行的。"

杜力说:"举个能保真的规则的例子。"

"比如,嗯,代入规则。就拿上次说的 $p \to p$(同一律),现在把 p 全部换成 q 代入,就变成 $q \to q$,你看结果是不是一样的。这里的 p 和 q 的内容是一样的还是不一样的都没关系,而蕴涵式总是真的。"

杜力有些惊讶地说:"真的是很奇妙。"

"是真的吗?"

"哦,解释一下,我这里说的'真的'只是修饰词,在主观上是表达我的情绪,在语言上是起到强调的作用。"

谢洛德开玩笑地问:"在客观上呢?"

杜力愣了愣,"在客观上没有对应物,反正又不是真理。"

斯蒂文森伸伸懒腰,"老头子不行了,要睡觉了,改天再继续你们的逻辑吧。"

屋外月光皎洁,地面反射着灰银色的光,显得格外安静与祥和。

三人走在回家的路上,杜力支支吾吾地问道:"斯蒂文森先生后来好像有些不高兴,话也不怎么说了,你们说是什么原因?"

卡宾笑着说:"你忘了他是研究什么的?"

"呃,不是心理学吗?"

谢洛德说:"所以多少都带有心理主义的观点嘛!"

杜力一拍脑袋,"你们也不提醒我,早知道就改在他不在的时候再说了。"

"也要让他改变改变自己,本想着他会与咱们争论一番呢,结果没什么动静,这倒是意外。"

杜力送两位老先生回家,才返回自己的住处,路上杜力在心里感慨,"看似简单的东西,其实最难明了,因为有时候都会忘记这么简单的事还要去想,看来思考也是要有方法的。怀疑与好奇是不是引导思考的本性?"

四、不要高兴得太早

> 想象力比知识更为重要。
>
> ——爱因斯坦

赛恩斯岛面积不大,整个岛屿都是飞罗大学的科学实验基地。

三个月的访问很快就只剩半个月了,最后一个项目是安排杜力和一批访问学者参观这个基地。一个略显清冷的早晨,客轮缓缓地停在了赛恩斯码头,一位戴着花边眼镜的老太太带着她的助手在码头等候大家。

她和助手带着大家简单地参观了一下整个岛屿,接着由她的助手伊普罗先生安排大家的食宿。

距离通知的十点钟集合参观各个实验室还有一个多钟头,杜力一边游览岛屿的风光,一边怀着激动的心情等待着看到世界上装备有最精密仪器的实验室。

可惜的是当杜力走进实验室才发现,这并不比参观野生动物园更有趣。虽然这里设备精良,但是大概只有亲自做实验的人才能真正体会其中的乐趣。不过还是有吸引杜力的地方,那就是负责给他们讲解的那位年轻的谢洛丝小姐。

午饭时,谢洛丝小姐坐到杜力对面,"你是杜力先生吧?"

杜力有些惊喜,"我是,你认识我?"

"我是从斯蒂文森先生的电话里知道你要来的,我没去过中国,还要向你多请教。"

看样子她是对杜力的国家感兴趣。

杜力的情绪不知怎么波动了一小下,"谈不上请教,大家切磋切磋。"

"切磋?什么意思?"

"你的中国话说得这么好,应该知道切磋就是……"

谢洛丝说:"本意是不是一种加工工艺?"

杜力汗颜,"后来引申为相互探讨的意思。"

谢洛丝又说:"我还记得,《诗经》里有一句话:如切如磋,如琢如磨。原意是源于此吧?"

杜力真诚且佩服地说:"的确,不过你知道的比我多,实在惭愧。"

谢洛丝刚要说什么,杜力赶紧打断,"别问我惭愧是什么意思!"

谢洛丝愣了一下,笑着说道:"没有,我只知道一点,因为想了解中国,所以我就从最早的书看起,而你不用。"

杜力说:"为什么我不用?我倒觉得也很需要。"

"因为你生长在那样的环境里,那是知识代替不了的。"

杜力觉得这个谢洛丝小姐懂得太多了,换个什么轻松点的话题呢?

"啊,你在这里负责什么工作?"

"我负责实验室。"

"你们这里有多少工作人员?"

"固定的有十几个,搞研究的随时都会来,多的时候能到一百多人。"

"噢……"

谢洛丝问杜力:"你好像对科学实验不太感兴趣,但是听斯蒂文森先生还有卡宾、谢洛德先生说你对什么都感兴趣。"

杜力刚才好像被谢洛丝来了个下马威,这时想想人家也并没有这个意思,反而是自己太小气了。想到这儿,他心情变得轻松很多,"我对科学也很有兴趣,只是觉得实验很麻烦,也做得比较少,兴趣可能就少点吧。"

"那你说的对科学感兴趣是什么意思?"

杜力说:"就是诸如'什么是科学''科学是怎么前进的'科学的结果是否具有真理性'科学的前提是如何得到的'类似这样的问题。"

谢洛丝带着欣赏的笑容,"你很深奥呀,想的尽是些元科学的问题。"

杜力又有些傻了,原来这些问题还有这么一个专用的名称,可是自己怎么不知道?他有些郁闷地说:"哦,这些问题都是元科学研究的问题吗?"

谢洛丝好像听出杜力的郁闷了,"元科学只是一个称呼而已,就是说研究的不是具体的科学定理、科学规律这些内容,而是关于科学本身的一些更基础的问题,比如你刚才说的那几个就涉及科学的基础。就是研究理论的理论,而不是直接研究客观世界。"

杜力心里感觉挺美,心想:"我这是无师自通呀!"

正想着,谢洛丝就说了:"听斯蒂文森先生他们说你总是能找到自己的思维方法,看来是名副其实。"

这个谢洛丝小姐不仅才学渊博,而且还如此善解人意。杜力脱口而出:"你很像现代东方人的标准。"

谢洛丝觉得这个杜力说话跳跃性也太大了,"什么标准?"

杜力自觉失言,"就是说那个气质,很优雅。"

谢洛丝扑哧笑了出来,"看来现在还不够优雅,只是有点像而已。"

下午,因为还是谢洛丝讲解,杜力听得格外认真,生怕遗漏了什么会被谢洛丝猛不丁地问到。可是那些物理、化学、生物方面一大堆的专业名词还是把杜力搞得晕头转向。

等杜力他们来到岛上的第四天就分散活动了,个人找自己喜欢的实验或科目去与科研人员交流。杜力真不知该找谁去交流,咬着牙去看生物实验,花了半天都在观察显微镜,杜力觉得没意思极了,可是同来的一位老弟却看得津津有味,杜力下定决心,一定要在这里喜欢上实验。他刚坐到一架显微镜前准备观察一下自己的手指,就听身后有人问:"你在观察什么?"

杜力回过头看是谢洛丝,"哦,没什么,我随便看看。"

"要想做实验还是跟研究人员交流一下,这样也可以参与进去,一起做点事。"

杜力点点头,"对,我找他们交流交流。"

谢洛丝笑了笑,"好吧,我给你介绍。"

杜力犹豫了一下,"还是算了,你有时间吗?"

谢洛丝说："我就知道你待不住，早看出你不想做实验了，跟我来吧。"

两人来到岛上的一个微型观景台，谢洛丝说："你那天说的问题我很感兴趣，正想找时间向你请教。"

"关于科学？"

"当然了，那天你说'什么是科学'，那你认为到底什么才是科学？"

"我哪有什么自己的观点，不过是胡思乱想而已。"

谢洛丝有些感慨地说："我成天跟科学实验打交道，虽然知道一些观点，可是却从来没有有意识地进一步做些思考。倒是对科学实验不太感兴趣的你总爱想这些问题，看来科学的进步很大一部分来自外部的力量。"

杜力说："我的确说不清楚，不过我倒觉得找到一个区别科学与非科学的标准会对回答这个问题有帮助。"

谢洛丝点点头："现在人们好像普遍认为科学是无往不胜的，可是科学也并非历来如此，我的想法很简单，如果科学也是一步一步发展过来的，那它一定也有自己的局限和困难。而这些可能预示着科学将来的道路。"

杜力说："的确是这样的，了解科学的本性，就会有助于进一步指导科学的研究和利用。"

谢洛丝问道："可是科学又是如何发展到这一步的呢？如今人们大都以为科学就是真理，但我在科学实验中常常发现科学理论在不断地修正，并且渐渐地开始怀疑科学是否能找到我们想要的答案。"

杜力说:"科学也只是在近代工业革命以后才成长为知识的无冕之王,其实再往人类历史的上游追溯,就会发现那时并没有像现在这么多的学科分类,大都归于哲学的研究范围。"

谢洛丝问杜力:"中国也是这样吗?"

"是。当然由于思维方式以及追求的目标不同,中国并没有出现像古希腊的亚里士多德那样涉及广泛领域的博学家,而是在不同的著作中分散着各种思想,包括科学研究,当然也出现过专著,比如天文学、数学什么的。"

"科学后来又是如何独立出来的呢?"

"对科学的研究从未停止过,欧几里得的《几何原本》早在公元前就已经将几何思想形式化了,而形式化作为一种基本方法还是在现代数理逻辑发展起来以后才被广泛采用的。当然,很大一部分工作是哲学家在做,亚里士多德的物理学、逻辑学等等,至今仍是大家学习的重要文献。"

谢洛丝说:"而且我知道科学中普遍使用的归纳法也是哲学家总结出来的。"

杜力说:"即便是牛顿也一直认为自己的工作是在哲学意义上进行的,对于他自己研究出来的各种物理学理论,他都会赋予某种哲学意义或解释,并且有时会把这种解释作为自己理论的基石和证明依据。"

谢洛丝说:"我知道他对哲学意义的追求,但你后面一句话又指的是什么?"

"比如时空的观念,他认为时间始终是均匀的,而空间也始终是固定不变的,并在这种时空观念的指导下解释力学、构造模型等等。科学的一个重要事实是科学家并不必知道什么是力,但却可以得出计算力的大小的公式。"

谢洛丝说:"这是不是哲学与科学分家的一个原因?"

杜力说:"作为一个重要因素肯定是没问题的。从亚里士多德开始,很长一段时间科学是在解释古希腊时代的文献,是通过演绎的方法推理新的结论,直到伽利略的时代才真正开始反对这种方法,而代之以实验。而科学的两个必要前提就是理性的思维和经验的积累,也只有在人类的经验积累到一定阶段的时候,科学才能真正地成为独立的学科。"

谢洛丝说:"科学现在已经成为人类最重要的知识增长领域。"

杜力说:"可是科学是如何保持或者说肯定结论的正确性的呢?"

谢洛丝说:"通过经验的证实。"

"但是凭借经验并不能得到永恒的真理,归纳法并不能保证结论真。"

谢洛丝站在自己的职业角度说:"我接受的一种观点是说一个理论被提出后,就要靠经验来证实,或者通过实验加以证实。当然有时候能够提出一个实验方法也能表明证实的效果。"

杜力奇怪地问:"提出一个证实的方法?这是什么意思?"

"比如说人类要探测水星的表面物质组成,这件事并不要一定在探测后才能证实,而是提出一种可进行探测的方法,这种方法能保证结果的出现。"

杜力说:"那我就有两个问题,首先你说的这种证实并不是完全意义上的证实,而仅仅是一种可以被证实的可能,即可证实性;

其次，既然只是一种证实方法，并未确实得到证实，那么在这之前又是如何保证这种方法的有效性的呢？如果这种方法被证明的确是有效的，问题就成了第一条说的，也只保证了一种可证实的可能。先不说这只是一种可能，就是单凭实验或经验也并不能保证结论的正确，这在休谟对归纳法的质疑中早已体现清楚了，如果继续坚持这样的归纳证实的观点，岂不是有点教条主义？"

谢洛丝说："这种要求对于所使用的方法——归纳法来说的确是太强了，因而后来不得不将'可证实性'修正为'可确证性'。"

杜力问："'可确证性'又是指的什么意思？"

"就是说用于表明理论正确的例证数量不断在增加，那么结论的正确性就不断增加。"

杜力想了一会儿，"这样说有一定的道理，但我总觉得并不'科学'。"

谢洛丝说："你这里的'科学'又是什么意思？"

杜力说："噢，你看这就是日常使用的惯性，仍把它不自觉地当成'真理'的代名词了！"

谢洛丝又问："那你觉得问题出在哪儿呢？"

杜力说："这种证据对某些问题的确能找到，可是有些抽象的问题怎么办，我能想到的最玄妙的就是'光子'，因为光子没有静质量，我想不出如何增加例证来确证它，这就会让人产生怀疑了。"

谢洛丝说："但是我们的确可以通过实验的方法知道它的存在。"

"即便如此，我们也不能保证观察到的就是正确的，而且往往是相反，我们只观察到我们想要的证据。记得以前做实验时，老师都会告诉我们要得到的结果,然后让我们去观察,当我们发现某种能证明结果的现象出现时,就会非常高兴地告诉老师我们的实验成功了。可是这里面可能会出现更多的偏见。"

谢洛丝奇怪地问:"什么偏见?科学就是讲客观的。"

杜力努力地集中一下精神说:"我现在有好几个思路,咱们慢点说。"

"好吧,你整理一下,我尽量小声点问,别惊跑了你的思路。"

杜力觉得谢洛丝的性格完美极了,可也就在这一念间,好像已经忘了思路了。

杜力说:"你刚才说的观点其实还表明一点,如果一个理论或结论根本无法用经验来证实的话,那这个理论或结论就谈不上'具有真假'的意义,可见这个'用经验来证实'的局限性太大了。"

谢洛丝说:"不用事实来证明理论,那还能用什么?"

杜力说:"当然你们的工作还是有意义的。"

"谢谢,我现在倒不觉得有多大意义了。不过你还是没能说服我。"

杜力说:"我刚想到一个例子,比如说'人都是要死的'就没法被证实。"

"你能不能举个好点的例子?"

"这个例子能说明问题的深刻性。"

"呵,已经开始标榜自己了。"

"呵呵,我接着说,因为只要找到一个长生不老的例子,这个结论就被否定了,而不论在这之前曾找到过多少个证实的例子。"

谢洛丝笑着问:"难道你认识长生不老的人,而且这也是不能被证实的。"

杜力说:"关键就在这里了,既然不能被证实,你是否还承认它是正确的?但我个人认为这的确是一个真理,所以这种确认恰恰不在于能被'证实'或被'确证',而在于能被'证伪'。"

谢洛丝说:"如果按照你说的意思,所谓的科学是能被证伪的,那结果岂不成了只要是科学就总会被证伪,最后就得出科学根本就不可能获得真理的结论了吗?"

杜力说:"嗳,科学本来就、从来就不是永恒的真理,事实上可能正好相反,科学就是在新理论不断取代、修正旧理论的过程中才得以发展的。"

谢洛丝说:"我不能接受这样的观点。"

杜力说:"拿出理由呀,我再举个你知道的例子。"

"必须能说服我。"

"爱因斯坦的例子,广义相对论被证明是正确的之前——我现在都有点不敢用'正确的'这个词了——在被证明之前始终被认为只是一个设想,或者是一种理论上的假设,但是经过爱丁顿他们做的判决性测试后,大家发现原来是已经使用了上百年的牛顿理论有了问题。你可要知道,牛顿的理论已经被证实了无数次了,可是当出现这样一个错误后,还有什么话说?!"

谢洛丝说:"我有点明白你的意思了,正因为牛顿的理论被证实了是有错的,所以才是科学。"

杜力说:"你这样说我怎么反而听着很别扭,但的确就是这个意思。可见对科学提出种种方法上的设想都是对科学的解释,是对这种不断增长的人类知识体系是如何存在的进行解释。"

谢洛丝说:"按这样的说法,科学就应该是先提出设想再去找反驳的例证,然后再修正设想再反驳,不断循环,进而得到发展。"

杜力说:"还有一点可以说明'证伪'的原则要优于'证实'的原则。刚才我说在做实验的时候,总是先有了结论然后去验证,所以'观察'这种方法就存在巨大的欺骗性,因为我们做实验的目的就是从中得出想要的结果,那么一切实验条件的准备,以及所要观察的数据或者现象都是我们根据理论的可能结论事先设定好的,其实也许在实验过程中出现了相反的现象或其他异常现象,但这时我们往往会忽略,因为它们不是观察想要的。你看,这种情况一方面说明了'证实'的观察方法有先入为主的偏见,又从反面验证了理论和结论不是被'证实'出来的,而是事先假定的,然后去验证,这符合'猜想—反驳'的逻辑结构。"

谢洛丝有些明白了,"但是在'证实'原则的实验者眼里,他(她)并不会去找反面的证据。"

杜力说:"所以,结果的差异就在于指导思想的差异。"

谢洛丝说:"这样一来,科学的发展就应该是'(提出)问题—设定猜想(假设)—进行反驳(论证)—(新提出)问题'这样一个循环过程。"

"从中也能看到,"杜力接着说,"不仅有在'证实'与'证伪'上的原则区别,'观察'与'理论'上的前提区别,还有'归纳'与'演绎'上的方法区别。"

谢洛丝说:"的确,如果按照新的模式,理论体系就成为一个以假设为前提的'公理'演绎系统,这样至少能保证系统内部不出现矛盾,或者在出现矛盾时证明理论的错误,进而得到新的进展。"

杜力说:"好极了,说服你了吗?"

谢洛丝点点头,可是杜力却说:"其实还有问题,我倒是觉得才刚刚上路。"

谢洛丝有种被欺骗的感觉,随后反对杜力估计是没商量了。

杜力忽然想起前两天去过一个很大的植物研究室,环境非常亲切,非要谢洛丝带他再去转转,谢洛丝只好尽地主之谊了。

杜力站起来伸了一个懒腰,"走吧,光坐在这儿喝咖啡,也快睡着了。"

"喝咖啡你还能睡着,看来你'证伪'了我的经验。"

杜力说:"难道你以前没见过越喝咖啡越犯困的人吗?"

"你是不是第一个?我还要回忆一下。"

杜力笑着说:"你看,把反例都忘了吧,这就是你执着于'证实'原则的教条的结果。"

"好了,服了你,走吧。"

杜力看着谢洛丝的微笑,居然有些发呆了。

弄得谢洛丝怪不好意思的,"看什么呢?"

"噢,这里的景色真美,就像一幅油画。"

谢洛丝不自觉地带着点失望,"是吗?那我呢?"

杜力笑道:"你!当然是这幅油画的主角了。"

谢洛丝含着浅笑,"走吧,看你的植物们去。"

五、只能看见自己想看见的

> 怎么样都行。
>
> ——费耶阿本德

植物研究室里都是些稀奇古怪的植物,有些居然还像动物一样在捕捉小虫子。杜力既感到新奇又有些害怕,不过里面的景色就像一个小的森林,似乎还值得探一下险。

在来时的路上,谢洛丝问杜力又发现什么问题。杜力说:"刚才咱们讨论的是关于科学的解释,也就是说一直在描述科学应该是什么样子,但却忽略了更关键的问题。"

"更关键的问题?"

"对,科学家一直按照自己的方式、方法在推进科学的发展,仅仅是给出一个解释是没有太大意义的,而且也不可能靠这些解释对科学起到真正的革命,更何况科学外部的人也没有理由和资格对科学家如何工作指手画脚,充其量是建议。"

谢洛丝说:"如果是好的建议未必不能推进科学的发展。"

杜力点点头,"那是当然,否则就没有提出这个问题的必要了。"

"那你想说的到底是什么?"

杜力说:"我想应该更关注一下对科学理论发展的历史性的考察,就是说不是研究'科学应该怎样',而是研究一下'科学实际上是如何发展的'。"

谢洛丝说:"难道刚才说的不是实际上的情形吗?"

"不是实际情形,而只是提出科学应该具备的原则、方法以及前提应该是如此这般地展开的,但是事实上科学是不是如此这般呢?好像还有些偏差。"

"那事实上又是如何哪般的模样呢?"

杜力想了想说:"先提出我的问题:为什么后来被证明有误的理论在当时被广泛接受呢?并且在接下来的许多年中一直在被证实而不是被证伪?"

谢洛丝说:"刚才不是讨论过吗?因为受到'证实'原则的教条所囿。"

杜力说:"既然如此,后来为什么又发现能被证伪呢?"

谢洛丝似乎找到了反驳杜力的理由,"时间长了,正反面的例证都增加了,而只有证伪的例证才有否决意义,而证实的例证并不能保证理论的真实性。难道刚才说的不是这个意思?"

"是这个意思,但里面出现两个重要因素:第一是一个理论当时被接受的实际背景,也就是说一定具有选择这种理论的强大理由;第二是发现反例需要时间。"

谢洛丝有些不解地问:"理论产生当然会有自己的背景,发现反例当然也需要时间。"

杜力接着说道:"实际的情况是针对某个问题提出的任何理

论,在这种理论产生的同时代都不会只有一种理论,一定还有其他理论也在解决这个被提出的问题。现在我想知道的是为什么只有个别的理论被延续下来,而其他理论被抛弃。"

谢洛丝说:"那一定是因为这种理论更能解释提出的问题,当然要选择最能说明问题的理论。"

杜力说:"可能是,不过在多个理论相互竞争的过程中,势必有些有价值的理论或思想被抛弃了。而且我发现理论之间的竞争也有点像达尔文学说讲的竞争,要经历生存的考验。不过,长颈鹿可能的确是经过生存竞争最后优胜劣汰,剩下的都是长脖子了;但是科学理论竞争是竞争,我却觉得未必是优胜劣汰。"

"为什么?难道劣的反而能胜?"

杜力说:"那有什么不可能,人类都能使自然界的进化变样,多少物种并不是被自然淘汰的,而是被人类毁灭的。"

谢洛丝说:"结果虽然是人为的,但是人也是自然进化的结果,又何尝不是一种优胜劣汰。"

杜力说:"有道理,就连达尔文的进化论不也是在众多生物理论中优胜而出的吗?虽然至今还有人怀疑,毕竟它成为时代的一个生物理论模型。这是一个例证,不过还有很多的例子说明我们放弃的很多理论后来又被发现比最先选择的更胜一筹。"

谢洛丝说:"现在我倒想多了解一些反对的意见了,看能不能找到证伪进化论的证据。"

杜力说:"是呀,很难避免选择带来的损失。而且一旦某个理论被选择出来后,就具有长期的稳定性,大家都以此为基础构建自己的理论,直到这个基础被发现存在重大错误,于是又产生很多新的理论试图取代这种地位,又经过相互竞争,其中某个新的理论被接受,然后又开始新一轮的发展。"

谢洛丝忘了坚持自己的反驳立场,说:"科学的发展好像就是这样的,当爱因斯坦的学说、量子物理等出现以后,新的理论都会以此为背景,而不再以牛顿的科学框架继续了。不过为什么牛顿的学说仍在使用?"

杜力说:"这是另一个问题了,我想是这样,在日常或者说条件不苛刻的情况下,它是近似正确的。我们当然不会为了马路上多了一粒沙子并肯定它会对行进中的汽车起到阻碍作用,就去用爱因斯坦的质能方程等一系列复杂的公式计算出这个阻力,并通知司机小心了,路面可能会增加一纳牛顿的阻力吧。更何况一阵微风又把那颗小沙粒吹走了。"

谢洛丝说:"我明白你的意思,也没必要这么夸张吧,何况即便使用传统力学的知识,也不可能去计算沙粒的阻力。"

杜力想到什么了,自己先乐了起来。

谢洛丝问他:"又发现什么了?"

杜力说:"我想到一个更有趣的比喻,就好像一双破了的袜子在有些时候还是可以穿的,至少我们还必须承认它还是袜子。"

谢洛丝也笑了起来,"只有你能想到这样的比喻。不过我想知道一个新的理论一旦出现,旧理论是否就被彻底淘汰,还是可以像你刚才说的'还能穿'?"

杜力说:"严格地说当然是取代了更彻底,不过我个人还不是彻底的革命派。"

谢洛丝忍不住笑着问:"你的意思是不是说,你穿的袜子已经烂了个洞?!"

杜力看见谢洛丝端起杯子喝水,就严肃地说:"不是,事实上是两个洞,一只一个。"

咳……谢洛丝喝呛了。

当谢洛丝一边用杜力递给她的纸巾擦完溅出来的水一边停下了笑声后,杜力又说道:"所以,一个理论被广泛接受其实是受众多因素影响的,而不单单是能否被'证实'或被'证伪'。现在就出现刚才说的第二个关于时间的问题了,为什么一个可错的理论需要很长时间才能被发现或被证伪,并且这种错误往往是在新理论产生后,在为新理论寻求求证的证据时被明确发现的。"

谢洛丝说:"既然大家广泛接受了某个理论,当然是相信它是正确的,就不会再有意地寻找相反的证据了。"

杜力说:"这就是最可怕的地方。"

"可怕?"

"对呀,这就是说,一个理论能被发现是错误的完全是偶然事件,而人们在平时又会有意忽视那些不经意间出现的反例,这样的结果岂不是等于说科学的进步出于偶然。那我们也太不把自己当回事了。"

谢洛丝说:"还不至于这么悲观,很多科学家不都是在对以往的理论提出质疑吗?"

杜力说:"不知道咱们的想法是否起到点作用?"

"肯定无关。"

"为什么?"

"因为现在除了我还没人听你说。"

杜力说:"毫不谦虚地说吧,其实这些也不是我自己的观点,都是东拼西凑、胡思乱想出来的。不过的确必须承认,人们只能看见自己想看见的。"

谢洛丝说:"有句话不是说'言者有意,听者无心'吗?"

杜力说:"是,还有更糟的呢!"

"什么叫更糟?"

"就是只爱听好话,不爱听坏话。即便是知道自己有不足或者缺点,也不愿听别人说。不仅假装听不见,而且听见了还认为别人说的是假的。"

谢洛丝不同意,"就算认为是真的,也没人爱听坏话呀。"

杜力说:"我的意思是,知道是真是假,好歹有自知之明,如果还骗自己,就更麻烦了。"

谢洛丝同情地问:"你是不是受了什么打击?"

杜力瞪大眼睛,"我就是感慨一下,至少我还有些自知之明。说到科学的加速发展,我倒是想起来亚里士多德的自由落体定理,足足延续了近两千年。"

谢洛丝说:"没错,他说重的物体比轻的物体落得快,其实推翻它的道理很简单,只要把两个同样质量、不同形状的相同物体一起自由放下,一定会有差别,但是按照亚里士多德的说法却应该是没有差别的,结果却没有人来做。"

杜力说:"我就不相信一千多年之间没人发现过。伽利略的问题虽然巧妙,他问那些墨守成规的人'如果把一个重物体与一个轻物体绑在一起,会变快还是变慢',结果说快的是因为重量增加了,说慢的是因为轻的物体会减慢重物的原来的速度。其实随手拿起一样重量的两张纸,一张搓成团、另一张平着放下,只要站到凳子上就能验证了,根本不需要比萨斜塔这么强的前提条件。"

谢洛丝说:"你这是事后诸葛亮,如果不是伽利略,人们还不知要再等多少年才能开始用实验作为检验结论的办法呢!"

杜力说:"你不愧是实验室的负责人,都直接上升到考虑现代科学进程的层次了。我想说的是,一个理论的惰性有多大,不光是人们不愿意反对已经接受的理论,并且会因为理论的倡导者的权威性而加重这种惰性。"

谢洛丝说:"看来影响科学进展的远远不止是科学内部的因素那么简单,整个社会、文化,甚至地理环境等都会起到或好或坏的影响作用。"

杜力说:"你说得对,中国古时候科技遥遥领先于整个世界,可是后来逐渐衰败了,里面的因素可能有政治制度、心理特点甚至性格特征等等,有机会你研究研究吧。不过你刚才说得很有道理,一种研究问题的新方法可能会成为突破旧理论的钥匙。"

谢洛丝说:"突破不仅从方法上,有时还会是从理念上、思想上。"

杜力说:"对,有时甚至仅仅是偶然因素。"

"不过,只要是意识到这个问题了,以后大概会减少不必要的等待阶段了,虽然不能完全避免。"

杜力说:"有时对于结果来说时间就是一切,等待也是没办法的事,能做的就是尽量缩短吧,这也是现代科学技术加速发展的道理吧。"

很快杜力结束了对赛恩斯基地的参观考察,同时杜力的学校也通知他回校,看来是来不及再回去看望斯蒂文森他们了。

在杜力要乘船离开赛恩斯岛时,谢洛丝匆匆赶到码头,"杜力,等等我。"

杜力以为她是来送行的,"谢谢你多日来的关照,以后欢迎你到中国来看看。"

谢洛丝说:"为什么要等到以后?"

在船上杜力才知道谢洛丝要和他一起去中国,除了受到东方大学的邀请外,谢洛丝的一位朋友正好也要在近期去中国考察自己的研究课题,一举两得。

在旅途中,他们聊着聊着就又说到了科学上,这次他们甚至更进一步认为科学研究其实不需要一个一般的科学方法,只要可以怎么都行,即便是非理性的又有何妨,比如炼金术不也推动了化学的发展吗,科学中很多伟大的发现不也是来自灵感吗?灵感是什么?是感觉,当然这种感觉必须经过长期的理性前提,一个不会加减乘除的人当然永远不可能证明数学上最美妙的"$1+1=2$"。

> 对于真理的思索从未间断过,也从未终结。
>
> 西方思想史上还有一位我们熟悉的哲学家——马克思,他对真理也有个定义:指认识主体对存在于意识之外、并且不以意识为转移的客观实在的规律性的正确反映。虽然其中的概念还值得进一步讨论,但至少这个定义能让人感到一丝稳妥和踏实。

马克思在西方哲学史上具有某种意义上的终结性,因为正如马克思自己强调的,"我们不仅要解释这个世界,更重要的是改造这个世界。"是他将思辨的传统变为了行动的哲学,当然马克思自己的哲学其实是延续了西方的思辨性的。只是他从思辨中打开了新的视野,用马克思的观点历史地看待他自身,我们可以看到他的思想正是时代的产物。从心理主义的角度来看,他试图完成某种超越,这种超越就在于否定,在其学说中就是辩证法——否定之否定。从精神分析的角度说,这其实是一种心理的反抗,是叛逆的结果,他使理性降到了生活的层面,其后的西方众多思想家试图在其基础之上重新诠释理性,都未能获得超越马克思的成功,从这个意义上说,是他的思想为后现代思潮清理了一切思辨领域的绊脚石,他做好了等待后现代思潮到来的一切。

现代逻辑学已经成为西方研究哲学思想的人必备的基础,并且还广泛地影响着经济学、社会学等领域。关于数字还有很多值得思考的问题,想想看"如果 $2=3$,那么所有的数字就都相等",这样的问题本身没什么太大的意义,但却可以帮助我们理解什么是数字的本质。

科学哲学的确无法改变科学家的工作,科学家大可自顾自地研究,但事实也的确是,很多研究成果从一出现就被束之高阁,若干年以后,有幸被后人发现并奉为具有开创性或先知的寥寥无几。达尔文的竞争理论再一次显示了强大的力量,但在这个领域中的应用必须还要指出唯一可能需要修正的地方就是:优胜劣汰的原则暂时失效。因为被忽视的结果实在是太多了。

无论我们是否理解真理、理解数字、理解科学,都还要继续生活并使用它们,多想想的结果可能会是:我们仍然"继续"生活,但却不是"照常地"生活。

第六章
语言的栖息地

一、玫瑰岛上的女孩

> 名不正则言不顺。
>
> ——孔子

玫瑰岛上并没有遍布玫瑰花,只是岛上成片的白色房子和岛上居民比巴黎更要浪漫的生活给它带来了这个美丽的名字。

海水拍打海岸溅起的浪花和墙面反射的阳光交织成纯净的祥和。

黄昏的岸边,玫瑰少女静静地眺望着远处,"海面尽头的灯光就像闪烁的星星,那也是一个世界吗?"

海提丽娜是玫瑰岛的精灵,她从小就沉默寡言,没人知道她在想什么,不过岛上的人仍然喜爱她,并给她起了一个美丽的名字——玫瑰少女。

五岁时,海提丽娜跟父母到商店里买东西,她看见一件奇怪的东西,于是就问爸爸:"爸爸,那是什么?"

沃特海姆先生转身看了看说:"那是一张桌子,海丽。"

小海丽更觉得有些奇怪了,"爸爸,可它是方的?!"

沃特海姆先生正在跟店员维特讨论一个样子古怪的时钟到底

需要多少钱,沃特海姆夫人领着小海丽走到那张桌子旁,"海丽,这也是桌子,只是样子跟咱们家的不同。"

小海丽问妈妈:"那为什么它也叫桌子?"

沃特海姆夫人想了想说:"桌子并不只是一个样子呀!"

小海丽还是不太明白,"那什么才是桌子呢?"

"嗯,就是带有支柱的平面,上面可以放东西。"

小海丽说:"那我的床不也是这样的吗?是不是上面能放人就不是桌子,而是床了?"

这时沃特海姆先生已经买完东西了,维特也一起走过来,"小海丽既可爱又聪明,这些问题我都不能回答呢!"

小海丽纠缠着爸爸给她解释,沃特海姆先生说:"我回去再查查资料,看怎么给你解释,爸爸也说不清楚。"

没过多久,海提丽娜就已经能区别各种桌子、椅子、茶壶、手表了,可是直到十八岁的时候她还不明白为什么自己能做出这样的区别。这个问题一直在她的脑海中,现在她正站在海边,遥望远处的"世界",可是那个"世界"又是什么?难道就像另一张"桌子"吗?看来想说清楚"语言"是一件很难的事,就连岛上最聪明的克莱沃先生、最博学的格瑞先生都说不清楚。十九岁时,海提丽娜得到沃特海姆夫妇的同意,前往外面的世界求学,她申请来到了当时世界最著名的语言学院。

三年后的一个下午,海提丽娜正在草坪上散步,听见有人叫她,"海丽,又想什么呢?"

原来是她最好的朋友谢洛丝,"没想什么,刚才老师叫我去,让我后天去非洲一个部落考察当地的原始语言。"

谢洛丝大声嚷道:"什么?让你一个人去?"

海丽倒是很平静,"那倒没什么。我只是想也许能借此机会对语言有一个更深的理解。你呢,暑假去哪儿?"

"我很想去中国,不过现在还不行。"

"为什么?"

谢洛丝说:"我什么都没准备,去了收获也不会太大,明年吧。对了,要不我陪你一起去?"

海丽想了想说:"不必了,还是我自己去吧,你还有自己的事情呢。"

谢洛丝说:"好吧,我知道你的毛病又犯了,总爱一个人瞎琢磨。去我那儿吧,我给你讲件有趣的事。"

"什么事?"

"你肯定感兴趣。"

到了谢洛丝的住处,海丽总爱盯着那张造型古怪的桌子看。

谢洛丝说:"你每次来都盯着它看,到底想发现什么?"

"没想发现什么,就是觉得它好像不是一张桌子。"

"嗯,真拿你没办法。不过我要讲的事就与此有关。"

海丽有些不解地问:"与此有关?你是说桌子?"

"是类似这样的问题。今天我碰见一位师兄的朋友,他现在在一家研究所,你猜他研究什么?"

"你就别卖关子了,我怎么知道?"

"你应该能猜到!"

"语言?"

"语言哲学。"

海丽略带好奇地重复道:"语言哲学?那不还是哲学吗?难道研究语言有语言学还不够?"

谢洛丝说:"我哪知道够不够。反正他尽说些什么意义、指称什么的,我也不太懂。"

"你不是学过一些哲学吗?"

"反正听不太懂,还说了一大堆关于'世界'是什么什么的话,我觉得你可能比较有兴趣。"

海丽这时的确产生了兴趣,不过海丽喜欢自己琢磨事,所以并没表现出来。海丽愣愣地出神,"也许真该看看语言哲学都在讨论些什么,这三年只关注语言学,却没发现外面的世界还这么广阔,这里的'世界'指的又是什么?是自己思维的局限,是思维的边界以内的东西?我说'外面的世界'是什么意思?是我还没有想到的东西?可为什么我刚才又会用'我说',而不是'我想',可明明我是在想呀!想与说有什么区别吗?当然是有区别的,可是为什么……"

只听谢洛丝大声叫海丽,"你又开始自我陶醉了!"

海丽回过神来,"哦,什么自我陶醉?我只是有些好奇,自己学了三年语言学居然不知道语言哲学是干什么的,感觉很惭愧。"

"别谦虚了,你发表的论文都快比你的老师还多了。"

"那有什么用,我并不满意,我没法解释自己的迷惑,可能语言哲学能帮上我的忙。谢谢你告诉我这个重要的线索。"

谢洛丝说:"还跟我客气,要不是觉得和你有关,我才不听他唠叨什么词呀、句呀的呢!简直是搅乱我的世界,后来我都怀疑我自己生活在语言里而不是真实的世界了。"

海丽笑着说:"那说明你进入状态了,还口口声声说不喜欢听,我看是入了迷还差不多。"

谢洛丝说:"还是你了解我,不过最初确实是为了帮你多了解了解,后来觉得也挺有意思。"

"我知道,还会冤枉了你不成?但愿能有帮助吧。"

谢洛丝又想起去非洲的事,"你真的决定一个人去考察什么原始部落的语言?"

海丽坚决地点点头,似乎在告诉自己这次一定会有新的发现。

到达非洲部落的旅途要比海丽想象的更加曲折。下了飞机,赶紧打电话给希鲁古先生,他是当地著名的导游,曾多次陪伴海丽的老师在丛林里寻找远离外界的原始部落。

希鲁古先生有点事耽误了,过了一个钟头才赶到,"不好意思,让你久等了。就你一个人吗?"

海丽点点头,"要麻烦你了。"

希鲁古说:"那倒没什么,只是这次要去的地方有些远,还没听说有人找到过他们,不过这次我有很大把握,关于这个部落的资料我已经搜集了很多年。你先休息,我已经帮你订好了房间,咱们明天再出发。"

第二天,他们乘着一辆古旧的汽车,颠簸了好几个小时,又经过一段狭长的小路,绕过两个小山坡,希鲁古站住说:"我只知道到现在还没走错,下面的路我也不知道了,咱们只能靠运气了。"

海丽有些紧张,"你也不知道路,那什么时候才能找到?咱们带的干粮最多只能维持四天。"

在第三天的下午,他们幸运地与各种野兽擦肩而过,终于找到了希鲁古从古书上知道的这个部落——霍瓦部落。

此刻部落的族人正坐在空地上叽里咕噜地说着什么,大概他们的日常生活就是如此吧。海丽和希鲁古走近他们,旁边的树林里突然窜出两个霍瓦人,海丽吓了一跳。希鲁古尝试着跟他们说话,海丽觉得好像已经换了好几种语言,可是那两个霍瓦人还是指手画脚地不知什么意思。不过海丽看得出来,他们并没有恶意,这时来了一个像是首领的霍瓦人,另外还有几个跟在他后面。从树林里出来的那两个向他汇报这里的情况,过了一会儿,那个首领模样的霍瓦人走过来上下打量他们,用一种海丽听不懂的话跟希鲁古说了些什么,这次希鲁古好像听懂了。过了一会儿,那个首领好像有些生气,声音也变大了,像是要赶他们走。

希鲁古又说了几句,转身告诉海丽:"这个人是他们的首领,他会说瓦塔纳语,我们刚才就用瓦塔纳语交流的。他问咱们来干什么,我告诉他是想来研究原始语言,可是他认为我是在撒谎。反正我觉得他不知道什么是研究,以为是什么怪物。要赶咱们走。"

海丽很着急,好不容易千里迢迢找到他们,就这样给赶走了,岂不是冤枉死了!海丽心里迅速地盘算着,"的确,他们可能不知道什么是'研究',甚至会把这个词跟什么不吉利的东西联系在一起,很有可能,如果是这样可就糟了,恐怕被赶走还是好的。可是老师为什么没想到这一层呢?在来之前,老师给我看关于这个部落的资料记载,虽然简短,但却像是有根有据,资料从何而来呢?记得老师好像提到过,曾有一位霍瓦族的老太太年轻时离开他们的部落到了外面的世界,算来大概是五六十年前的事了,也许不必解释这么多……"

希鲁古看海丽一言不发,以为在想是否要回去,"怎么样,想好了吗?"

海丽说:"想好了。"

希鲁古以为海丽决定要回去了,"也许咱们还能再来一次。"

海丽愣了一下,笑着对希鲁古说:"他们不知道什么是研究、调查,你告诉我'我奶奶是霍瓦族人'这句话用瓦塔纳语怎么说。"

希鲁古看着海丽,"怪不得你要来,原来你奶奶是霍瓦人。"这时,霍瓦人拿着弓箭和木棒要来赶他们走了。

海丽用希鲁古教她的话大声念了一遍,那个首领制止了族人,随后几个人将希鲁古和海丽看起来,首领回到部落里去了,半个小时过去了,首领和几个年长的霍瓦人请他们进去。

海丽好像对此很有把握,所以就在这半个小时里,她还在想,"刚才那句话表达的意思我是知道的,但是在我说出那句话的时候,我并不知道我所发出的声音就是代表我所要说的意思。而且我实际上是在'念'希鲁古告诉我的声音,而不是在说话,只是这个声音恰好是瓦塔纳语,并被听懂了,于是这些声音具有了含义,这时我就可以称这一系列声音是语言了。但是如果根本没人听懂的声音还算不算语言呢?大概是不算,这样说来语言是具有社会性的,而不可能是个人的,可是精神病人说的话是不是语言呢?那是个人的还是社会的一部分?如果说是社会的,可是根本就没有人能听懂他们在说什么,而且他们自己恐怕也不知道,那还能叫语言吗?如果说是个人的,但是他们使用的就是本国的语言,而不会冒出外语来,这是什么原因?如果不是语言,是什么?声音,但却的确能被听出是英语、法语、汉语等等,只是意思上无法理解,这当然不会是一般的声音。可是霍瓦人的话对我来说其实更像是一种声音,我根本无法理解,但却知道这是一种语言。这里面的区别到底在哪儿呢?"

希鲁古拽拽海丽,"他们问你,你奶奶叫什么名字。"

海丽信心十足地说:"沃特海姆夫人,有时爷爷也叫她塔姆。"

希鲁古说:"瓦塔纳语没有'夫人'这个词,我就翻成塔姆·沃特海姆吧。"

希鲁古又和首领说了几句,告诉海丽说:"他们说没错,塔姆是他们族里的人。你的奶奶真是霍瓦人?"

海丽说:"不是。"

"那你怎么知道有个叫塔姆的人,而且还知道去了外面?"

海丽说:"以后再解释给你吧,不过'塔姆'是他们刚才说的,我也是碰碰运气。因为人名大概在各种语言中都是相近的。"

希鲁古说:"好吧,不知道后面还会有什么新鲜事发生。"

希鲁古被几个会说瓦塔纳语的霍瓦人缠着问这问那,希鲁古还要照顾海丽,帮她翻译,忙得不亦乐乎。海丽对希鲁古说:"没关系,你跟他们聊吧,我自己能应付。"其实海丽是想借自己听不懂他们说话的机会,增加一些对语言的感受,就像初生的婴儿,唯一不同的是这时海丽能够做出判断、思考和记忆。

对于霍瓦人的态度变化,希鲁古认为这是出于对海丽的奶奶的认可,而海丽却有另一番想法,"我们仍然还是我们,只不过在霍瓦人的眼里,我们两个从什么要研究语言的外来人变成了与他们相关的人,于是有些外人不能知道的事,我们就可以知道,外人不能接近的生活，我们却被期望着经历。这就是所谓的'名不正则言不顺'，我们的'名分'决定了我们可以诉说的言语内容。虽然孔子的这句话含有更多的伦理意义，不过单从语言学上来看，'名分'不就是一个称谓嘛！这个称谓居然能成为一个人说话做事的基础。其实，当这些霍瓦人知道了'研究者'这个称谓的意义后，也未必就不欢迎我们的到来，甚至同样会接受我们的调查，可是现在，就必须以塔姆奶奶后人的身份出现了，或者说我要以此作为我的调查的基调。"看着首领嗒亚在向她招手，海丽想，"我要做的第一件事不是什么研究，而是学习像霍瓦人一样的生活。"

走进最大的一间草房，里面挂满了野兽的毛皮、古老的工具，就像教科书上的原始部落。盛水的器皿是一块木头上挖出的"杯子"。海丽不知道怎么形容这个"杯子"，就像她五岁时问爸爸那个奇怪的东西为什么叫桌子一样。比起那张桌子，面前的"杯子"在海丽看来离她的意识更远，"甚至这个可以不叫杯子，"海丽想，"它已经脱离了我所在的那个世界，我不知道该叫它什么，我所谓的'杯子'只是将我的经验与此相类比而已，而且首先不是在叫法上，而是功用上。但是并非每一个盛水的器具都是'杯子'，它的功用又是怎么与其他的盛水器具相互区分的呢？杯子与瓶子的区别又在哪儿呢？是开口的大小不同？那就是说是形状使它们有了区别。可是眼前的这个'杯子'更像是'碗'的形状，我为什么认定它是'杯子'而不是'碗'？难道说'碗'只在吃饭的时候才会摆在这儿？可是我并不知道霍瓦人的生活习惯，也许他们真的会把'碗'随时都摆在这里。"海丽盯着那个不知为何物的东西发愣，这时又产生一个念头，"如果随时都摆在这里的'碗'，我还会称它为'碗'

吗？我的桌子上就有一个大杯子,可是谢洛丝每次去都要说'你怎么还把碗摆在这儿',我说是杯子,可她却说'不是所有摆在这儿的都能叫杯子,即便你拿它当杯子用也不是',她的这句话又含着什么意思呢？杯子和碗的定义是来自使用还是另有什么固定的理由？……"

嗒亚给海丽倒了一"树杯"(海丽决定自己给这个新鲜事物起个名字)不像水的液体,并双手示意请"喝",海丽双手捧着树杯正要尝尝这种奇怪的"饮料",嗒亚一边大声嚷着什么一边挥手制止了海丽的"喝"。并不断示意,海丽边琢磨什么意思边把自己理解的意思用慢动作表现出来,当海丽发现这可能是指"闻"的动作时,试着做了,嗒亚很高兴。海丽大舒一口气,自言自语地说:"原来是'闻香杯'呀！"接着嗒亚才示意海丽"喝"。

由于海丽总爱盯着各种东西发愣,所以动作好像很缓慢,这令嗒亚感觉很奇怪。这时,嗒亚指着一个承担人的"坐"这个动作的器具(当然"坐"这个字也是要命名的),海丽简称为"树凳"。不过这个树凳上有一张熊皮,海丽这时不知道嗒亚是想让她坐下,还是想让她看那张熊皮,当然按海丽的经验,请客人就座是第一位的,海丽也比画着,"你是不是想让我坐下？"(这里是用语言写出来,当时海丽是用动作来表达的,她指着那个树凳或者是指着熊皮做了一个"坐"的姿势)。

海丽想这个习惯倒是一样的,正要坐下,嗒亚又手忙脚乱地阻止她。海丽还是很有耐心的,又比手画脚地与嗒亚在交流。最终还是不明白,只好把希鲁古叫来,希鲁古也是连比画带叽里咕噜,最后转告海丽说:"他说这张熊皮是送给你的礼物,而且要挂起来,不能坐在上面。"

海丽终于知道是怎么回事了,"谢谢,能带我看看咱们的部落吗?"

希鲁古翻译道:"嗒亚很高兴,走吧,他带咱们去。"

海丽一边跟着嗒亚转悠一边观察他们的生活方式和语言、行为,海丽发现他们的发音音节很少,而且长句子较少,大都是简短的对话,也可以说只是几个词的组合。

海丽注意到他们的生活正好对应着他们的语言,海丽感到有些疑惑的是多少语言能构成一个足够描述生活的语言体系。显而易见,不同的世界、社会、生活环境对语言系统的需求是不同的,数学家更多地需要知道公式、数字之间的组合和各种符号,这些抽象的语言符号单独构成了一个语言体系,它们相对封闭,也就是说只有这个领域里的人才熟悉。面前的霍瓦人世界所需的语言明显少于海丽所处的世界,因为他们使用较少的词汇就可以完成日常生活中的交流和沟通,或者也可以说他们不需要太多的语言。

大约经过了两周的时间,海丽逐渐掌握了霍瓦人的语言特点,最突出的就是没有固定的基本元素,而是具有专指性,就是用一种声音代表一种事物而不再指代其他事物。最初发现这个问题时,海丽觉得有些不可思议,因为事物是无穷无尽的,新事物也会不断出现,怎么可能记住如此多的名称呢?其实原因很简单,霍瓦人面对的事物很有限,这是他们之所以至今仍未进入现代社会的一个原因。但是从另一个角度说,为什么世界其他地区的人类能够不断扩大自己认识、生存的领域,并且海丽想知道的是这种语言现象与社会发展之间的关系,或者说它们之间到底有没有关系,如果有,紧密到什么程度,或者是以怎样的方式相互影响的。

还有一个特点就是名词多于动词,形容词、副词等就更少了。

海丽坐在树下的阴凉处在剥一种野果子的果实,不远处希鲁古正与霍瓦人不停地交谈着,并在本子上记着什么,海丽知道霍瓦语的文字很简单,在海丽的眼里其实根本还称不上是一种文字,不过他们自己觉得已经够用了,希鲁古一边使用简单的霍瓦字,一边用瓦塔纳字在边上补充或者注释。"希鲁古真是一个语言天才,奇怪的是他能掌握很多种土著语言,但对现代社会的几种语言却是怎么也不开窍。"海丽看着希鲁古忽然想到,"我前天想到的霍瓦语没有固定的基本元素到底指的是什么?当时我只是有这么一种感觉,让我来想想,所谓的语言首先是声音,嗒亚他们发出的声音里什么是基本元素?音节,他们没有固定的音节吗?不对,他们使用的音节也是有限的,那我为什么会有这种感觉?"海丽看着希鲁古抓耳挠腮地在想对应的瓦塔纳语,一闪念间,"文字——记录语言的符号!他们有,但很少,最关键的是没有语言规则,没有规则,因而他们不能继续增加词汇、新句子。他们延续着古老的生活方式,因为他们就是口口相传地继承先辈眼中的'世界'。在他们的语言中增加一个新的词汇要远比杀死一头最凶猛的野兽更难办到。"

海丽不仅在观察霍瓦人的生活,并且也积极地参与、融入其中,去感受他们的语言可能在怎样的背景上启迪海丽去了解、进入霍瓦人的内心世界。

嗒亚作为部落的首领是当之无愧的,嗒亚以往也与别的部落甚至外来的现代人接触过,他的瓦塔纳语就是这样学来的,他知道他们需要新的力量和帮助推动部落的发展,因为他认为这样的部落社会不会长远了。海丽从嗒亚的语气中听出一丝留恋和无奈,不过嗒亚已经下定决心改变霍瓦人的世界。

嗒亚和海丽、希鲁古聊了很多他的想法,并希望他俩能帮助自己找到一个办法。希鲁古建议嗒亚跟他回去,请求当地政府的帮助,先改变他们的居住环境,然后再逐渐融入现代社会。这当然是一个长远之计,但是嗒亚却有些犹豫,也许是对外界的不信任吧,或者是出于其他部落长老的反对。海丽决定一定要想办法帮助嗒亚,毕竟还是远房的"表兄妹"嘛!

两个月的时间很快就要过去了,海丽即将结束这次调查返回学校。

海丽已经可以用霍瓦语与嗒亚交谈了,"我想不到更好的办法能帮助你……"

嗒亚诚恳地说:"没关系,我会继续想办法的。"

海丽接着说:"我帮你制作了一个语言规则表,从你们的文字里挑选出了四十个作为基本的元素,来系统地构造你们的语言。我想这样也许能帮助你们增强思维能力,至少一个成熟的部落也要有自己的文字呀。"

嗒亚非常高兴,他不知道这是不是他想要的办法,但是他知道文字也是必不可少的。

海丽和希鲁古走了,临走时海丽邀请嗒亚去外面看看,并希望去玫瑰岛找她。

海丽走后,由于嗒亚不具有很强的抽象思维能力,霍瓦语里也很少有抽象的字词,因而嗒亚没能创造出霍瓦人的现代语言,但霍瓦语里却有着丰富的词语之间的关联式联想,对这种形象思维的充分利用使嗒亚创造出两种特殊的语言——一种是表现力很强的手语,还有一种是霍瓦人的密码系统。海丽后来从嗒亚那儿掌握了这两种语言,并且将手语介绍给了手语学校,而将密码系统当作了自己的私人语言。

希鲁古将海丽送上飞机时一切都还顺利,但是海丽在走出机场海关检查口时,被警察带走了,原因是发现一张野生动物的皮。任凭海丽怎么解释也无济于事,海丽默默地看着对面的警察,心想,"语言倒是相通了,可是却无法理解我说的。大概我们所讲的是两个完全不同的世界的事吧,那是一个与自然界相通的世界,这是一个与自然界相隔的世界。"

二、语言,我的世界

> 语言的界限,
> 即只有我能理解的语言的界限,意谓着我的世界的界限。
>
> ——维特根斯坦

海丽在霍瓦部落时更多地在做采集问题的工作,尽情地融入他们的生活,而此时海丽安静地坐在屋里,回味这段经历给她带来的众多思考。

还是先从"树杯"说起吧。

海丽对杯子与碗的区别仍然耿耿于怀,因为当她面对着被谢洛丝称为"碗"的杯子时,这个问题就不能回避了。海丽透过杯子感受穿窗而入的阳光,幻化出七彩的斑斓,耳边是不远处操场上的喧闹声,有时是愉快的欢笑,有时是大声的争吵,还有相互间的埋怨,只听打篮球的一人大声说:"你不懂规则吗?我看你还是赶快下去吧……"

海丽淡淡地笑了一下,随后脑中一闪,"他说的是规则吗?并不是所有用手打的球都是篮球,这不是区别篮球与排球之处,它们的区别在于……规则。那么,杯子和碗的区别呢?当然不在于要用手去拿!在于形状?以前已经想过了,不是。当然也不在于材料,……那会是……规则?!可是它们的规则又是什么?杯子与碗的规则?……使用!在于它们的使用规则。对,在给杯子和碗起名字之前,一定要先有盛饭的器具和盛水的器具,并且器具的形状是根据它们在使用时的方便性来构造的,然后才对已经逐渐确定了形状的器具起名字,这就是命名。尽管我们可以用杯子盛饭、用碗盛水,不过这已经是在接受了食物的名字以后的使用方法,而不是它们的使用规则,也正因此,谢洛丝才会认定我的'杯子'是'碗'的。"

海丽看着手里"多彩的"杯子,"可是这个杯子是否违反了杯子的'使用规则'呢?否则为何会被人误认为'碗'呢?"阳光被杯子反射到海丽的脸上,海丽心中忽然一亮,"对于规则的利用同样是人类的权力,当命名完成以后,真正掌握规则的人就开始寻找创新了。因为只要符合杯子的使用性的任何形状、材料都能使一个事物成为杯子。即便这种材料和形状曾是引起对'碗'的命名的最初原因也无所谓,因为'名分'已定。"海丽偏头看了看那盏奇形怪状的台灯,在有"台灯"之前,谁也不会认为那个东西会是一盏台灯!从小缠绕着海丽的"桌子"问题就这样在阳光中消散了。

关于命名,海丽写道:"后来人们发现只要是新发明或新发现的事物都需要有一个名字,于是就会事先命名,就像给婴儿起名字,人类的早期一定不会像现在,在婴儿出生以前就把名字想好了。这种情况同样适用于对概念的命名,当越来越多地发现给事物起名字会给人类自身带来更多的方便时,命名就变成了习惯。

"并且从人类社会发展的继承性来看,事实常常表现为:概念先于事物。

"这是什么意思呢?当我们小的时候并不知道什么是桌子,什么是凳子,但是我们却首先知道'桌子'和'凳子'这两个名称。就像有些人从未见过电脑,却可能知道存在'电脑'这个东西,如果没人告诉他,可能当他见到真的电脑时也不知道那个东西就是'电脑'。实际上,我们所处的人类社会的阶段已经使我们对大多数事物的接受首先是来自概念了。这也是现在的人们很难摆脱的一种社会制约,也许有很多人能感受到来自社会各方面的制约,大到国家政策,小到家庭伦理,制约当然是无处不在,可是我得出一个更根本的制约——语言。"

海丽不经意间产生一种被监视的感觉,"可是难道被制约就不好吗?如果没有制约,我又会获得更好的生活吗?我看未必,没有语言的制约,我又如何认识这个世界?没有家庭的制约,我又如何知道伦理的可贵?没有国家的制约,又如何维护一个已经不再是原始部落的群体的繁荣和发展?"

想到原始部落,微笑就自己爬上了海丽的嘴角,"像'杯子'这样的原创性很强的名称怕是很难想到了。不过'树杯'这个名字起得也挺好的,虽然借用了'杯子'的名称,不能完全算原创,但是听到这个词的人大概能很快猜到是什么,这种语言的方便性不也是很重要的吗!呵呵,我开始创造一个新的世界了,据说上帝就是从给事物命名开始创造世界的。

这种命名法已经被广泛使用于商业之中,那就是所谓的什么概念炒作(这是指静态的行为),也可以反着说炒作概念(这是指动态的行动)。可见语言已经成为人类发展至关重要的一个因素,还是孔老夫子的那句话,如果连'名'都没有'正好',就别想把事情说清楚了。不过,在把'名'正好以后,最好能把'言'也顺了,否则就变成了'言而无信','虚假炒作'了!"

谢洛丝回校的第一件事就是去找海丽,对海丽的经历又是羡慕又是后悔,"当初我该坚持跟着你去。"

海丽问谢洛丝:"你难道就没碰上什么新鲜事?"

谢洛丝晃晃脑袋,"真没什么!不过我明年要去中国了,你要想去赶紧准备,到时我可不等你。"

海丽奇怪地问:"准备什么?"

"至少该学点汉语吧。"

自从海丽开始学上汉语,对于语言的思考就越来越多了。

海丽从嗒亚那儿学会密码系统以后,时常想起自己刚找到霍瓦人时关于私人语言的疑问。

语言的社会性是一定要有的,可是私人语言呢?真的不能存在吗?如果嗒亚的密码系统只有他一个人知道,难道就不是语言?看来问题还是出在如何理解"语言"这个词上,如果它意谓着(不是意味着)交流,私人语言就不存在;如果只是指一种符号系统(甚至可以不是声音),那么私人语言是可以存在的。

可是这些想法使海丽产生了另一个更奇特的疑问:发明自己的语言,是否一定对应着大众语言的某种解释,也就是说,我的思维是社会的而非个人的,即便我编造出一套别人看不懂的语言,但一经解释就会被翻译为社会语言,这也是语言之间能够互相翻译的根据,即便是"私人语言"。

如果是这样的话,我前面所谓的"私人语言"就退化成了一种记录方法,仅仅是一种个人发明的记录法而已。而且还有一点,自己制造的语言能否成为自己思维的语言形式,如果不能或者说如果我只是使用自己编的符号记录我使用母语(或者很熟悉的第二语言)进行的思维,那么势必能一一对应地翻译回我用来思维的那种语言,所以私人语言是无法存在的,即便存在也是没有意义的。

可是什么又是一个词语的意义?有没有无意义的词?除此之外还应该进一步明确对词句的描述,即一个词或句子包括含义和指称两个部分。

比如独角兽、凤凰,它们有自身的含义,却没有相应的事物,即没有指称。既然存在有含义而无指称的词句,那么是否存在有指称而无含义的词句呢?如果说追求生命的意义有点过于"形而上"的话,那么追求词句的意义至少是贴近生活的。

海丽的思绪飘忽不定,问题在解决中又层出不穷,真让人有些害怕和烦闷,也不知道能否得到一个清晰的结果。海丽渐渐地深入到对使用语言的思考上,试图从这个角度来解除自己的疑惑。可是睡意已经袭上眉梢了。

一天清早,谢洛丝急急忙忙叫海丽一起去海边,原因是谢洛丝听说海滩上不知从哪儿冒出了大量贝壳。海丽说:"当然是海水带来的。"

"反正以前没有,我要去捡,赶紧,再晚就没得捡了。"

海边人头攒动,就像一场节日的盛会。海丽的心情也变得愉快了起来,看来能给人带来快乐的思考有时却会成为压抑心情的手段。

在回学校的路上,谢洛丝问海丽最近在忙些什么,海丽说:"也没什么,还是想些问题。"

谢洛丝带点规劝地说:"别总是自己闷头想,会生病的,何况也容易钻牛角尖。"

海丽笑笑,"那倒不至于,不过有时的确有点烦。听说你最近对语言的兴趣越来越浓了?"

谢洛丝问:"听谁说的?"

"你就说是不是吧?而且我觉得和你的那个什么师兄的朋友不无关系。"

谢洛丝做出要掐要扭的动作,海丽赶紧求饶,"好了好了,不说了,还有问题请教你呢!"

谢洛丝得理不饶人,"求饶也没用。"

……

她们在阳光下嬉笑着,青春的活力预示着美好的未来。

谢洛丝问了海丽一个奇怪的问题,"你说假象是什么?"

"假象?就不是真的呗!"

谢洛丝瞪海丽一眼,"严肃点,那是什么样的假?"

海丽有点奇怪地看着谢洛丝,"你是真的有疑问?"

谢洛丝点点头,"你再想想,能否帮我解释清楚?"

海丽意识到也许这真是一个问题,"假象难道不就是没有反映事物本来面目的现象?"

谢洛丝接着问道:"那它反映的是什么?或者换句话说,你又是如何知道它没有反映事物的本来面目,并因此说它是假象的?"

海丽发现自己被绕进了一个圈套,不过这个问题自己的确没有想过,那就接着走下去吧,看看能否和谢洛丝一起讨论出个令人满意的结果。

海丽想了想,"那当然是在知道真相以后。"

谢洛丝说:"真相是通过什么知道的?"

"当然是事物表现出的现象了,只有通过现象才能揭示本质嘛!"

谢洛丝说:"对呀,那么这些表面的现象难道不包括所谓的'假象'?"

海丽发现这里面还隐藏着更深的有待揭示的东西,"应该包括,但在当时未必能知道'假象'表现的是什么?"

谢洛丝说:"难道存在所谓的'真象',使人们一看就知道事物所要表现的真相?科学上被用来证明某个理论的证据(现象)在当时被确定无疑地认为是表现了真理的,可是当这个理论被发现是错误的时候,同样的证据却正好又是反对这个理论的有力证据,我在实验中就常常遇到这样的情况。你说什么是'真象',什么是'假象'?"

海丽表示同意,"那你如何看待'假象'?"

谢洛丝说:"我最近也在想,可能根本不存在什么真象、假象,现象就是现象。"

海丽点点头,"也许确实如你所说,不过为什么会出现我们称之为假象的现象呢?"

谢洛丝说:"我想也许是因为有些现象更容易引起我们的错觉,而这些现象就是我们所说的假象。但是这里出现的混淆可能是把主观与客观混为一谈了。"

海丽说:"你的意思是说,现象是客观的,而错觉却是主观的。而我们却把主观上的错误判断归结为客观现象的一种表现形式了。"

谢洛丝说:"就是这个意思。"

海丽忍不住要夸奖谢洛丝了,"你的观察力和分析能力与日俱进,看来语言哲学是没白学呀。"

谢洛丝说:"你这样的夸奖会引起我的错觉呀!"

"我知道,你对语言没什么兴趣,只对语言哲学有兴趣!"

谢洛丝说:"我该去实验室了,不跟你开玩笑了。祝你有个好心情!"

海丽冲着已经在十几米之外的谢洛丝说:"也祝你有好心情,明天我去找你。"

看着手中典雅的贝壳,海丽心里有着莫名的喜悦,她知道谢洛丝今天的一番话对自己的启发远远不止是对几个词语的使用有了新感受。海丽忽然意识到语言在日常使用中有着太多的不确定,而曲解或误用,所谓的无意义的词句就是随意使用语言组合的结果,就好比说有"一个长方形的圆桌"一样,当然可以这样说出来,可是这句话没有任何意义。可见语言并不是可以随意乱用的,人们对不存在的事物也可以加以命名,像什么"金山",而实际上并没有这样一座山,又像什么"地球的球长",实际上也并没有这样一个人,虽然这样的词句可以被说出来,但却没有意义。

海丽赶紧赶回住处,记下自己的想法,"没有意义的词句当然也就无法判断其真假,这样使用语言的方法是对语言的误用。语言是必须有一定规则的,否则就不是语言。现在的语言虽然有各种语法,但还不足以避免各种误用,最好能有意识地制造一种人工语言,相应的有基本词语、字,并规定好造句的规则,这样字、词、句的含义就非常明确了,我们只需要掌握基本元素和语法规则就能掌握一门语言,而且如果全世界的人都使用这种语言,就不会出现误解了。这样的语言系统就像一个无矛盾的逻辑系统一样,足以保证语言的正确性。这样人类的交流才可能做到彻底。

并且我们所加以描述的正是我们的世界,对于未知的、超出语言之外的事物最好保持沉默,因为本就无法被描述。霍瓦族人的世界就是他们的语言所描述的世界,我们世界就是我们的语言能描述的世界。当我获得霍瓦族的语言时,我的世界被打开了新的一面。而我正是通过语言确定知道自己获得了一个新的霍瓦人的世界的。"

海丽在黄昏时又来到海边,看着沉沉的暮色,海丽不知道在自己的语言之外如何描述眼前的世界,更不知道如何离开语言进行自己的思维……

海丽在海滩上画出一行优美的脚印:语言的界限正意谓着我的世界的界限。

三、栖息在外

> 特入空门问苦空，敢将禅事问禅翁；
> 为当梦是浮生事？为复浮生是梦中？
> ——白居易

海丽刚走出机场检票口，就看见谢洛丝在不停地向她招手，并用汉语喊她的名字。海丽心里混合着惊奇和一种安静，惊奇的理由比较明显，却不知这安静从何而来。

谢洛丝拉着海丽转头向她介绍一位朋友，"这位是东方大学的杜力先生。"又向杜力说，"这是我的朋友海提丽娜。"

海丽与杜力握了握手，只听杜力说："你好，还有行李需要帮忙拿吗？"

海丽说："啊，有一些，要去行李处取。"

三人一起去取行李，谢洛丝不停地给海丽说着什么，还时不时边说边看着杜力笑，杜力很想知道她们在说些什么，尤其是那些可能与自己有关的，虽然有些不好意思询问，可还是憋不住，"呃……你们是在说我吗？"

俩人一起沉默……

然后就笑了起来,谢洛丝说:"嗯,不过没说什么坏话!"海丽抿着嘴,好像害怕什么话会自己冒出来似的。

这次海丽来中国是带着目的来的,当然见谢洛丝也是行中之意。

回到学校,海丽自然要与谢洛丝同住。杜力想想自己在这儿也没什么事,"海提丽娜小姐,你们聊吧,谢洛丝对这儿已经很熟了,如果有什么事随时联系我,明天见。"

海丽赶紧站起来说:"谢谢你和谢洛丝一起去接我,以后叫我海丽吧,明天见。"

海丽看谢洛丝送杜力出去,又说了些什么,挺神秘!等谢洛丝回来,海丽问道:"你和这位杜力先生以前就认识吗?"

谢洛丝反问道:"你发现什么了?"

海丽撇撇嘴,"也没什么,感觉你们好像很熟悉,他是学校安排接待你的老师?"

谢洛丝说:"你明知故问,当然不是。"

海丽说:"那你在机场给我讲他的很多趣事,刚才又神秘地在外边说些什么,难道……"

"什么?"

海丽嘿嘿一笑,"没什么!这个杜力先生看来真有点意思!"

谢洛丝说:"你别不识好人心,我约他明天来陪你。"

海丽奇怪地问:"干吗要陪我?我难道有什么事?"

"你这次来难道就是旅游的吗?"

"我来看看你,过几天就去云南,寻找一个至今尚无文字的民族。"

谢洛丝说："我记得你以前有很多关于语言的问题,现在没有了?"

海丽带着微笑,"问题当然会有,只不过不觉得很复杂或令人烦恼了。"

谢洛丝说："你的意思是,你已经解决了?"

海丽说："我想基本上是吧。"

谢洛丝有些怀疑地问："但也不可能一劳永逸吧?"

海丽就将自己平时记下并整理的一些记录拿给谢洛丝看,"这是一部分基本观点,我常带在身边,说实在的我真觉得关于语言本身的问题也没什么更多的了。"

谢洛丝说："你是说你终结了语言哲学！"

海丽说："我只是自己觉得没什么好想的了,我可没有要终结语言哲学的意思。噢,对了,说到这儿,我想起你说过的你师兄的那个朋友现在还在研究语言哲学吗？以前我不爱找人聊这些,现在倒有点想知道他们都在做些什么了。"

谢洛丝故作严肃地点点头,"对,有道理,你应该见见。我帮你安排吧。"

海丽"感动"中带着惊讶,"不会吧,什么时候能见到?"

谢洛丝说："那就明天好了。"

海丽虽然从谢洛丝的话里感觉到了,但在得知谢洛丝说的那位师兄的朋友居然就是杜力时还是有些对不上号。杜力说："你觉得我不像?"

海丽摇着头,"谢洛丝从未提到过,一直保持神秘状态,所以我从没想过会在中国见到她说的那位朋友。而且,这件事她是在去年提起的,那时她还从未来过中国,难道是你去见的她?"

杜力看看谢洛丝说:"不过我也不是有意去见她,只是去你们学校访问时通过同事介绍才认识的谢洛丝小姐。"

海丽心中释然,"原来是这样,为什么不告诉我?"

杜力觉得这个问题谢洛丝不好回答,虽然杜力知道并没什么不可说的秘密,于是解释说:"是我不让她说的,因为我听说你有独处的习惯,并且也确实没什么好说的。"

谢洛丝觉得自从海丽踏上这片土地以后,就不像以前那样爱发呆了,大概是想好好地观察这个陌生的所在吧。只听海丽说:"我一直想谢谢你呢!不是你的话,谢洛丝就不会对语言感兴趣,也不会给我提供很多建议了。"

杜力说:"没关系,要说感谢的应该是我。听谢洛丝说你过几天就要去云南考察。"

海丽点点头,"是的,顺便也考察一下汉语中的方言。"

杜力说:"这个问题一定很复杂吧?"

海丽说:"对你来说应该不复杂呀!"

杜力说:"其实我对语言的兴趣也是在我去你们学校的语言哲学研究室以后了,不是你的问题我恐怕要错过这个有趣的题目了,所以要说感谢的应该是我。"

海丽有些莫名的喜悦,没想到自己的问题能给别人带来快乐,这种体验还是以往没有的,也许是玫瑰岛太安静了吧。

谢洛丝说:"不过昨天看了海丽的笔记,真的觉得世界可以在语言上终止了。"

杜力有些不解地"哦"了一声,"世界?"

当听完谢洛丝介绍的海丽的记录后,杜力沉默着想了一会儿,"很有道理。"

谢洛丝感到奇怪,"你没什么建议或者其他什么别的想法?"

杜力反问道:"你觉得应该有些什么别的想法?"

谢洛丝说:"我只是觉得你以前好像对什么都会有些奇怪的观点,这次怎么这么痛快地就停止追问了?"

杜力说:"你觉得奇怪?"

"嗯。"

杜力看看海丽,"我自己也觉得有些奇怪,我居然不知该说什么了!"

海丽在杜力的眼神中似乎感到了一丝不安,"你想说什么就说什么!"

杜力愣了一小会儿,"我只是真的不知说什么,但我也确实地感到承认'世界止于语言'有些过于仓促。"

谢洛丝说:"你能不能使用较为明确的汉语表达,什么叫'过于仓促'?"

杜力笑了笑,"可能我生于中国,对语言之外的东西一直存有兴趣,如果世界止于语言,那我的兴趣难道是在世界之外?"

海丽的心中似乎被一种巨大的力量触碰了一下,不自觉地重复道:"世界之外!"

他们坐在一条穿城而过的小河岸边,桌上摆着郭庄当地产的水果和地方小吃,静静的茶香随着茶水的热气冉冉升起,然后随意地飘散在河面上传来的桨声中。

海丽忽然有种飘飘然的感觉,却又说不出。

这时杜力开口说:"我想名称是很奇怪的东西。"

海丽和谢洛丝都没想到杜力会冒出这么一句前不着村后不着店的话,"很奇怪?!"

杜力说:"你们也许听说过,中国有一所大学叫'北京大学',这是学校的名字。你们说它算不算地名?"

谢洛丝说:"地名?也可以吧。"

杜力说:"它所在的具体位置是北京市海淀区颐和园路5号,你们说这个是那片地方的名字还是'北京大学'是那片地方的名字?"

海丽说:"提到北京大学,就知道是那片地方,难道不是名字?"

杜力说:"如果学校搬迁了呢?'北京大学'这个名字将随着学校一起'搬走',新地址难道又叫北京大学?那这片旧址又叫什么?"

谢洛丝说:"地名也可以变更嘛。搬走了就叫别的,新校址就改叫北京大学。"

杜力说:"唔,我想这点大概是没什么问题。"

谢洛丝说:"那你觉得奇怪的到底是什么?"

杜力说:"我奇怪的就是名称与名称所指的东西之间到底是什么关系?"

海丽说:"名称与所指事物的关系就像人名与人之间的关系一样,我们正是通过各种名称,以及描述语(动词、形容词等)来描绘各种事物和事物之间相互关系的,从而我们获得了世界的模样。当然,说描述各种事物可能还不确切,更确切点应该是描述各种事件。无论如何,正是语言定义了我们的世界。"

杜力点点头,"这样说当然有道理。不过'海丽'和'你'并不相等,世上可能有很多叫'海丽'或者'谢洛丝'的人……"

谢洛丝插话道:"但是却有着不同的指称,因为我与另一个叫谢洛丝的人不同。"

杜力冲着谢洛丝点点头,但并未停止自己的话,"之所以'你'这个'海丽''谢洛丝'不是其他的'海丽''谢洛丝',区别不在于'海丽'和'谢洛丝'这两个名字,而在于你所说的指称的内容不同。就是你们俩与别人不同。"

谢洛丝和海丽在静静地听,不知道这个杜力到底想得到什么结论。

杜力继续阐述自己的想法,"'石头'与它所指的事物并不相等,我的意思不是说我们的祖先可以给它们起别的名字,石头这个事物在被叫作'石头'之前当然可以起任意什么名字。我说的不相等的意思是……"

杜力停了几秒钟,略加思索,"我的意思是:在语言之外,还有一个世界。"

谢洛丝终于有些惊讶了,"我还是有些不太明白你的意思,你说的另一个世界难道可以不需要语言?"

海丽说:"那你又是如何描述它的?"

杜力说:"首先我要声明一点,我现在并不知道自己要得到什么样的结论,我也不知道可能会得到什么样的结论,但我会沿着一个思路说出来,咱们一起来看看会有什么事发生,我希望是咱们三个人一起保证这个思路没有出现太大的偏差或者重大的失误,只要还能走下去,我们就走到底看看会出现什么,好吗?"

一瞬间,海丽有些体会到谢洛丝在机场说起的关于杜力的有趣话题中的那个杜力了,眼前仿佛出现了站在海边的玫瑰女孩的身影。这种思想的真诚与洁净正是海丽沉默与独思的理由。海丽不自觉地说道:"好吧,也许能得到出人意料的结果。"

杜力眼中带着真诚的笑意,"而且很少令人失望。"

谢洛丝说:"看来出人意料是一定了!就不知道会'出'成何等模样。"

杜力说:"我先讲个故事,这个故事在中国可谓家喻户晓。"

谢洛丝打断他,"是不是太夸张了,别以为我们不知道'家喻户晓'的含义有多广泛。"

杜力纠正道:"至少可以说是广泛流传,我的意思是这个故事很普通,很多人都听说过,只是我们现在要从另一个角度来看了。故事还要从较早的佛教讲起,佛教传入中国以后,也受到中国文化的影响,后来形成了禅宗,禅宗的第六代传人慧能有一次碰到两个僧人在争论经幡被风吹动的事:一个僧人说是幡在动,另一个说是风在动,而慧能告诉他们说是心在动。"

谢洛丝说:"我看不出这与'存在就是被感知'有什么本质的区别。"

海丽说:"我倒觉得它们好像是从相反的角度说的一件事情,贝克莱说的是存在的都是被感知到的,而慧能说的是不去感知就无物存在。"

杜力说:"的确,我举这个例子就是想提供一个不同的角度,在你们看来这两种观点很接近,因为它们想表达的似乎一样,从语言、文字上来看我觉得也很接近。不过我要讲的是'体验',用这种方法去感受它们之间的区别,会看到全然不同的结果:一个是将外界看作主体之外的虚幻,一个是将外界看作主体之内的意识;前者的目的在于试图完成主体对外界的超越,后者的目的在于试图完善主体对外界的解释。"

海丽和谢洛丝的思维好像停了一会儿,海丽才接着说:"你说的这种超越……呃,是怎么完成的?"

杜力说:"我想这是我们在思维上的一个区别,我想说明的是刚才提到的名称之下还有一个实物,语言之外还有一个世界。西方的传统更注重解释,当然就要通过语言,这种解释可能就会导致对语言本身的怀疑,结果可能会进展成试图构造一种更精确的语言来代替可能充满误解的日常语言。"

海丽有些惊讶地说:"你的意思是说这种结果是必然的?"

杜力说:"至少应该是最可能的结果。"

谢洛丝也感到有些惊讶,"杜力,你不会早就知道这件事了吧?"

杜力说:"什么事?"

谢洛丝说:"海丽就曾提出想要构造一套人工语言用来代替日常语言,只有这样才能更好地保证语言的有效性。"

杜力说:"我没别的意思,只是'吾爱吾友,吾更爱真理',我不知道海丽得到什么结论或想法,不过我想人工语言可能存在的问题更多。"

海丽说:"我也更爱真理,也没想过自己的想法就是真理。不过说实在的,在遇到你之前,我对语言的思考已经不再关注于这些基本层面了,而是乐观地认为只剩下一些具体的语言学上的事情了。"

杜力说:"其实我也是自己瞎琢磨,我倒觉得你说的具体的语言学知识更有实用价值。"

谢洛丝说:"哈,不会吧,你不是最爱思考本质性的问题吗?现在海丽说喜欢具体的知识,你就认为它们更有价值。"

杜力解释说:"我是说'实用价值',不是'价值'。"

"有什么区别吗?"

"就好像一把钳子具有实用价值,但是如果使用者不懂使用方法和目的,岂不是根本就无法'使用'它的'价值'?知识比方法更具'实用价值',可是如何发挥知识的'价值',要看用什么方法,我喜欢瞎琢磨的就是这些东西。"

海丽忽然意识到自己的"独思"可能是封闭自己的障碍,"这一点我倒是能体会到,也正是这样我才会想到制造一套严格的语言,由此能更准确地表达、描述自身和我们的世界。"

杜力说:"这个想法当然没错,只是我觉得问题比我们想象的更复杂。"

谢洛丝说:"可是我们真的能描述我们之外的世界?"

杜力说:"这要看你说的'我们之外的世界'是指的什么意思。"

海丽奇怪地问:"你认为有几个意思?"

杜力说:"我觉得至少有两个,一个是人类之外的世界,一个是对人类来说'语言之外'的世界。"

谢洛丝说:"你说的前一种世界指的是什么?"

杜力说:"就是其他生物的世界,比如说狗、猫等等。有几点可以说明人类无法用语言描述它们的状态。我们常常形容有些动物在躲避敌人时的伪装是'假死',这是从我们的角度看的,因为我们也以为它真的死了,可后来发现被骗了,所以说它们是'假死'。但对于动物来说,它从未假死过,而是'真活',所谓的伪装仅仅是活着的一种状态,它们也不知道什么叫作'假',这个词只对人有效,而无法使用到其他生物上。人会假笑、假哭,猫、狗会吗?人会说假话,其他动物呢? 当然,最简单的可以想象一下蛇的世界、蝙蝠的世界、蜜蜂的世界,虽然与我们面对的都是同一个地球,但却是完全不同的世界,只要假设一下就能知道我们不可能在它们的世界中生活,所以我们所要说的世界仅仅是对于人类而言的。剩下的就是要弄明白有没有语言之外的世界了。"

谢洛丝说:"你说的语言之外是否指谎言?"

海丽说:"谎话一样是语言,语言只有一种——无论是真话还是谎话都描述世界。之所以是'谎话',是因为与事实不符,但谎言本身仍然是世界的一种表现形式。"

谢洛丝说:"既然与事实不符,不就是代表一个不真实的世界吗? 而那个世界是不存在的。"

杜力说:"谎言的内容当然不存在,但是谎言却存在。"

海丽说:"语言本身并没有真假之分。"

杜力说:"这是从语言的组成上来看的,当然从语法的角度看,一句话只能是符合或者不符合语法,没有什么真假之分,但是语言不是摆设,而是在实际中使用的人类的交流工具。它必须传达意思,表现意义,否则不如沉默。"

谢洛丝说:"你是说要说废话就不如保持沉默?"

杜力说:"废话也会有一定的意义。"

海丽说:"那就什么都可以说?"

"当然可以,不过要符合语法,这是'说的规则'。另外,说话者想要有人听,否则会被人怀疑有病!"

谢洛丝说:"如果谎言被当场识破,它还有什么意义?"

杜力说:"被当场识破,首先谎言就没有了欺骗性,这是谎言的第一大属性,所以谎言也就不成为'谎言'了。但这只是说它的作用没发挥,我们却不能说它没有意义,因为除了语言的标准之外还有社会价值、道德的标准,至少我们能得出这个说谎者不是可信之人的结论。况且谎言是否有意义并不能代表谎言是否存在,一个骗不了人的谎言仍是谎言,谎言既含有说谎者的骗人动机,也包含着谎言的内容与实际不符,无论谎言是否达到了说谎者的目的,谎言永远也不会是真话。

"而且,再完美的逻辑语言系统都无法避免谎言的出现,因为语言的真假不仅与内容有关,还与使用语言的场合有关,同一句话在不同时间、地点、场合、人物面前都会有不同的含义和真假,这就说明语言的日常性是无法避免的,实际上也没有避免的必要。日常语言恰好能充当人们所要它成为的角色。"

海丽说:"那为什么你又说动物没有'假'呢?它们也有自己的语言,它们难道就不会违背事实?不需要日常场景?"

杜力说:"其实你刚才已经回答了,'语言本身并没有真假之分'。对于动物来说,语言就是语言。"

谢洛丝觉得有些玄妙,"你是说动物从不说废话!"

杜力说:"我觉得是,你觉得呢?不过这不是最主要的,因为动物的世界不会有额外的标准,在语言的标准之外没有社会价值、道德等方面的标准,所以它们在传递信号时可能会出错,但却不会'说谎话',而且它们的'场景'还没达到要求它们的语言需要具有意义的地步。"

谢洛丝摇摇头说:"我越来越不明白了。"

杜力说:"语言不是人类专有的,但是社会的因素却是人类专有的。记忆可能是很多动物都有的,不过反思和体验大概就是人类独有的。动物的世界尚且不能说停留在语言之中,何况人类的世界。"

谢洛丝说:"动物的语言太简单,不足以描述它们的世界;但人类未必做不到。"

海丽说:"虽然动物的语言简单,但它们的世界不也同样简单吗?为什么不足以描述?"

杜力说:"我们当然不知道动物的语言是否足以描述它们的世界。我前面的意思是说在语言之外动物还会有本能,比如预感,它存在于动物的世界,却没有事先的语言表达。有些感受或体验是语言无法表达的,却的确存在,当你在春风里幻想有一对翅膀带你飞翔的时候,当你在夏日的海边静静聆听海浪拍打岸边岩石的时候,当你在秋天踩着落叶走在回家路上的时候,或者当你在冬日的戈壁滩上燃起一堆篝火期待曙光的时候,不需要语言,你却能比在使用语言时、在语言中时更清晰、更强烈地感受到你存在着。"

海丽想了想,"你说得很对,可是你也说这些感受不在语言之中,它们的确存在,却在语言之外,那我们不正是只能保持沉默吗?在沉默中感受,而不是在语言中描述。"

杜力说:"人的感受并不是与生俱来的,需要培养和教化,使用的工具就是语言。现在大概能总结出几点了:第一,语言不是划分世界的界线;第二,对于'不可说的'也可以说;第三,语言是途径。将世界划分为两个部分,即可说的和不可说的,本身就有问题,这实际上已经假定有语言之外的事物,而且必须对此保持沉默,这未免有些神秘主义了;在此基础上又进一步将可说的部分构造为严格的人工语言,这就更没理由了,而且是适得其反,不仅无法将'可说的'说清楚,而且恐怕连原本可用日常语言说出的也排除在外了,故而不全;最后,语言的目的和意义不在于自身,而在于语言后面的世界。"

谢洛丝觉得有道理,思路也自然地有些转向这种思考了,"语言后面的世界又是什么?"

"谢洛丝!"

"干吗?"

杜力说:"我叫的是'谢洛丝',不是你!"

"怪怪的,什么意思?"

杜力笑道:"开个玩笑,我使用的语言是'谢洛丝'几个字,但其实我想要喊的不是这几个字而是你。你就是语言后面的世界。"

海丽多少感到了杜力描绘的世界,同时感到内心受到巨大的震动,因为以前得到的结论被这个杜力一一改变。不过海丽心里知道,自己以前的想法过于理想化了,而现实世界并不是按照想象构造的,自己做的工作就连"解释"都称不上,顶多只能算是注释。想到这儿,有一个新的思路显现在脑中。

谢洛丝问她:"嗨,又发呆了!"

海丽笑笑,"我在想语言的意义,如何判断?"

杜力说:"我也说不清,但有个比喻:字的大小不改变意思,'Truth(真理)'写得再大也不能更接近真理,说话的声音再高也不能更像真理。同样,能用语言描述的也未必就是真理。虽然问一个人的'人生意义'未免玄虚了一点,但想来至少不会在自己个人的'活'之中(虽然'活'是获得意义的前提),而要诉求外界,比如先知与圣人往往都是超出当时时代环境的人,他(她)们的意义正是通过与同时代相比之后显现的。语言的意义不在于语言的使用规则,而在于语言想要表达的含义,而语言的含义往往在语言之外。就像世界的意义,大概也要诉求于世界之外,至少要在语言之外。如果按照你们刚才的说法,人生的意义、语言的意义以及世界的意义都应该是一回事,可我觉得它们虽有重叠的部分,但还有不相同的部分。"

海丽觉得在东方大学的几天似乎是对自己多年来心里隐藏的种种疑惑的一次洗礼,虽然以前曾经获得过令自己满意的结果,却没想到海滩上的脚印成了桎梏自己的心理暗示。看着身边目不暇接的景色,彩云之南的印象正在眼前展开。

翻看着自己的笔记,曾经的思索竟变成了对岁月的回忆。

还记得从霍瓦部落回来后的一段记录:精神病人的语言是语法的错乱,违背了语言的规则,因而不是语言,之所以能分辨出是英语、法语、汉语等等,只是由于发音的缘故,而发音是人类的生理本能,就像婴儿没有语言但却一样能发音。只不过这种发音由于长期的训练,已经成为发音器官的习惯性音节了,或者说精神病人的语言是从社会语言退化成了"私人语言"。

但现在想来,精神病人的语言是另外一套系统,因为我们所谓的正常人无法理解他们的思想和思维方式,因而无法掌握他们的语言含义,我们之所以无法理解,不是因为他们在使用语言时的语法错误,而是不知道他们想要描述的语言后面的世界。

海丽想起嗒亚指着凳子上的熊皮,而自己却误以为是让她坐下。可见,世界并不是只有语言,还有行为和动作。如果真的构造出有着严格规则的人工语言,又如何容纳一个"莫名其妙的桌子"的出现?难道非要因为语言的要求,而不得不停止创造?!如何表达自己的情绪?比如发怒,语言够用吗?如何传达自己的感觉?

对于不可说的未必只能保持沉默,因为中国就更强调体验,追求的是一种意境,而通过语言表达的更多含义却是在语言之外,就是在"指称"之外,就是所谓的"意在言外"。海丽还发现要想了解中国人说的话,必须时刻注意话外之音、言外之意,因为意在言外,他们所要表达的往往是语言之外的另外一番含义。

海丽又在笔记本上关于命名的一段下面加上了一段话:中国人更喜欢使用动词而不是名词,原因是更重视事物在一个时间段上的发展变化,而使用名词则更重视对事物在某个时间点上的准确把握。这与较原始的部落里存在的名词多于动词的现象不一样,因为动词词汇少意味着语言发展不够充分;而使用动词多则意味着在语言发展较为充分时的一种观察、记录世界的方式,使用名词多则是另外一种方式。

海丽费了一番周折终于找到了独龙族的聚集地,她发现族人爱玩一种原始的游戏,两个人拿些石块在地上画出的格子里走来走去。海丽看见他们玩游戏又想起前几天在谢洛丝的生日上,她与杜力说起人类是如何掌握游戏的,游戏的习得不全来自游戏规则之内,至少要摆摆实物,这是让事物的自我显现,是通过动作来显现的。正如桥牌的乐趣与魅力不在于熟练地掌握规则与记分标准,甚至也不在于最后完成定约,而在于对规则的灵活使用并带来好结果的心理愉悦,甚至输掉定约后的懊恼与郁闷也成为桥牌的一部分。这使"灵活"包含很多心理等非规则、非语言的因素。

海丽看着那些简单的石块,"我为什么知道这是一种游戏?为什么又会认为这是一种原始的游戏?如果一个人给我描述这种游戏的各种规则,而我却从未见过类似的游戏,我能否想象出或者当遇到时能知道就是同一种游戏呢?"

当海丽返回东方大学的时候,她已经确定知道以往自己反对的不够"严谨"的日常语言恰恰能表达出世界的样子,包括那些"不可说的"世界,因而语言不能作为划分世界的标准,而是作为描述世界的工具。语言的意义按杜力的话就是——途径,终点就是"后面的世界"。

杜力举的一个用日常语言描述"不可说的"世界的例子常常浮现在海丽的心中:徒弟下山去了,过完夏天才回到山上,师父见了他就问:"徒弟,你整个夏天都在山下,做了些什么?"

徒弟说:"我开了一片地,播好了种子。"

师父说:"你这个夏天没白过。"

徒弟也问师父:"师父,你在山上都做些什么?"

师父说:"我在山上吃饭睡觉。"

徒弟说:"师父,你这个夏天也没白过。"

这段对话的含义远不是这几句话、这几个字的表面语言所能包含的,但是也正是这几句话、这几个字表达了语言之外的更深的含义。这就是使用日常语言说"不可说",而经过严格构造的符合逻辑的人工语言当然无法说"不可说",因为构造之初就已经把可说的都说完了,对所谓"不可说的"就只能保持沉默和神秘的敬畏了!

海丽回到学校的第二天就急着要走,谢洛丝很想多留海丽待几天,因为不久学校就放假了,她想和海丽一起回去,但是海丽要去参观世界鸟类研究中心,还要参加一项心理学研究的试验,只好先走了。

看来这个假期大家都很忙,谢洛丝想回爷爷家过水果节,而杜力被朋友邀请去探险。

海丽在离开中国的那天,在笔记本上记下的最后一句话是:无论如何,语言并不能告诉人们所有的事,但也正是通过语言,人们才可能明白所有的事。

分析哲学一度成为西方哲学的主流,众多西方哲学大家不约而同地将目光转向语言,但是这种转向并未获得令人满意的成功,它的最大意义是将人们的视界引向了更为宽广的领域。不过对语言的研究使我们更清晰地看到所处的世界,也成为一种有力的工具,使我们能更加明确地知道思想的复杂与魅力。

东方人可能更容易领略"言外之意",这种元素渗透在生活的方方面面,从诗词歌赋到绘画音律、从伦理道德到价值取向。吸收一种新的方法和观点,目的不仅仅是获得某种额外的知识,而且还能在融合中寻找新的动力,借此能弥补可能的缺失。

但是为何一定要求全而不求缺?这实在是一个大问题!

要想感受语言与我们的关系有多紧密,就尝试着不使用语言进行思维!

要想感受语言之外,就尝试着忘记语言,哪怕一丁点语言的影子都不要出现!

第七章
漂浮的心灵

一、有缘——"看林人"

> 可悲啊,冬天到来
> 我到哪里去采花
> 哪里去寻日光
> 和地上的荫处?
>
> ——荷尔德林

晶莹洁白的雪花舒缓地飘向沉寂黝黑的大地,在夜色之中一同显得低沉了起来,很远处极少的灯光已无力反照晶莹与洁白,于是雪花遮盖了大地的秘密。

在这样的时间,来到这个陌生的地方,眼前只有远处的黑和近处淡淡的月光,呼吸似乎都无法接续,恐惧顺着冰冷的鞋底渐渐就要传遍谢洛德的全身了。

谢洛德已经忘记了来时的路,在夜色低沉的时候他就已经看见了一处微弱的灯光,只是随着雪花的飘舞,那点灯光已经无法到达他的视野。在面前错综复杂的林中小道面前,谢洛德不知何去何从,他还隐约地记着自己有一个温暖舒适的家,可是现在他有些怀疑那一切是否曾经真的存在过,孤独悄悄地进入谢洛德的心里。

白日里，或者是夏天的午后，面前的小路会是何等令人惬意的选择，每一条路都可能给自己带来莫名的惊喜，林中小鸟的歌唱也会将自己带上云端……而此时，每一条小路都像是要把自己带进无尽的黑暗，每一个选择都需要具有面对未来的勇气。

谢洛德想，"我一定是记错了，这里不是家乡的树林，这条路也不是我熟悉的儿时的路。难道我将要与大地一起沉睡了吗？"

冷已经使谢洛德的意识变得越来越含混不清了，有人在和我说话吗？畏惧的情绪被一种久违的呼唤淹没，谢洛德看见上帝在微笑。

谢洛德说："原来天堂并没有想象的明亮。"

上帝说："噢，你原来以为很明亮？"

"难道要像我来时的世间景象？"

上帝觉得很有意思，"你来时世间是什么模样？"

"黑暗和恐惧。"

上帝很奇怪，"这两者有什么联系吗，黑暗与恐惧？"

谢洛德反问道："你觉得没联系？"

上帝纳闷地说："我知道黑暗不过是自然现象，有白天就有黑夜，有明亮就有黑暗；却不知恐惧是何物！"

谢洛德点点头说："对，你当然不知道。以前也没人给你说过吗？恐惧就是害怕某些未知的事情会发生。"

上帝说："未知的事情？一定还要会对自己造成伤害，否则就不必害怕而要高兴了。而且，为什么一定是害怕而不是担心？"

谢洛德说："我可不敢想什么高兴的事，因为我根本看不到可能。至于说担心，我倒是还未想到。"

"为何遇到的总是害怕而不是担心?"上帝叹了口气,"你的意思是说你看到了害怕的事?"

谢洛德想了想(在回忆自己当时的心态)说:"好像也没有,只是我觉得我应该多想想不好的一面,这样才能多些应对的准备。"

上帝似乎带点调侃地说:"所以你选择到这里来了,而且发现没有想象中的明亮。"

谢洛德说:"这的确出乎我的意料。"

上帝问他:"你在面对黑暗时,面对林中的小路时真的设想过你的未来?"

"我的确想设想我的未来,可是我根本无法设想,因为每条路对我来说都是一样的未知,我的选择变得毫无意义了,我只能将自己交予命运。"

上帝重复着,"命运,……但愿每个人都能有自己的命运,那生命就变得简单多了!可是还有人要选择自己,还会有人坚信生命并不简单。"

谢洛德说:"你觉得他们违背你的安排了吗?"

"我从未安排什么。"

谢洛德坐在火盆边,一时想不起该问上帝点什么了,忽然觉得就只有自己和上帝,就问道:"其他的人呢?"

"睡觉了。"

谢洛德盯着火盆,抬头看看"上帝","这里是天堂吗?"

"上帝"看着他笑了笑,"有区别吗?"

谢洛德再次醒来时,稀薄的阳光顺着树枝的弧线挤落在小屋的地板上,谢洛德躺在地板上抬手想抚摸这温柔的日光,他知道这是世间才有的温暖。一股带着凉意的微风从门的缝隙里吹来,谢洛德打个激灵,"还是有区别的吧!"

外边有凌乱的脚印通向林中,站在一片不大的院地边就能看见小屋的全貌了,烟囱里的轻烟袅袅升起,已经分不清与它相连的是另一些轻烟还是云了。

谢洛德顺着脚印走了没多远就发现这里像一个迷宫,没走几步就有岔路,似乎有着无穷无尽的小路通向无数的角落,谢洛德只好返回小屋等"上帝"回来。

门口的树影已经改变了方向,"上帝"似乎消失了,静极的林中和这林中的小屋就像脱离了凡尘的束缚。吃完自己做的午饭后,谢洛德就一直躺在一把舒适的躺椅上晒着冬日的阳光,初来时的期待也已不经意地被遗忘了。夜幕降临的时候,谢洛德正在火盆旁打盹,迷迷糊糊地梦见沉重的脚步声伴着鞋子与泥泞土地的摩擦声走近自己的卧室,他神情一振,只听"上帝"已经推门而入了。

"上帝"什么也没说,自己把从外边拿回来的一些东西放到厨房里去了,放下猎枪和外衣,然后坐在火边慢慢地喝酒。

谢洛德居然也懒得说话,在这里,时间似乎没有任何意义,一天的日子过得要比谢洛德想象的快得多,一个星期就这样过去了。

等到谢洛德再次在夜晚与"上帝"坐在火盆边时,声音不由自主地从他的嘴边滑出,"你是什么样的人?"

"上帝"不知何时已经从谢洛德的意识里走了,"上帝"终于在沉默的八天后变成了世间的凡人,大概是这位刚刚来到世间的"上帝"还不太熟悉凡人的感觉吧,他轻声地自语:"我是什么样的人?"

"你自己也不知道?"

"我不知道,你知道吗?"

谢洛德下意识地说:"你仅仅是存在过。"

"你不也存在过?"

谢洛德忽然意识到在这个时刻他与这个"凡人"没有什么区别,因为他们在这一刻就是同样地存在着。

"你从不问我是怎样的人!从不问我的过去!也不问我的未来!就这样留我住在这里?"

"凡人"说:"我没留你,是你自己留下来的。你是怎样的人,你也未必知道!你的过去也可能并不像你以为的那么真实!你的未来更是你无法知道的!我还要问吗?"

在听"凡人"说话的同时谢洛德就开始对自己感到了陌生,"难道没人能回答这些问题,包括我自己?"

"凡人"说:"在生命尚存在之前,我实在无法知道自己。"

谢洛德说:"难道要在生命不存在时才能知道?"

"我当然也不能确定生命不存在时还能否有知道的机会,不过最好的时机可能是在存在与不存在的交接处吧。"

谢洛德感到一丝神秘,却又不知这些交谈中是否会含着生命的本意。至少自己从未听过,而以往的存在也一同变换成另一番全新的含义,这种意识浅浅地埋在外边的冬夜里。

第二天"凡人"又像往常一样地离开小屋不知去向何方了,谢洛德觉得他是这片树林之魂的守护者,因为这里的一草一木都在他的心里,世上没有第二个人能随意地穿梭在其中了。谢洛德心里给他起了个名字——"看林人",就连谢洛德自己也不知道为什么一定要给这位存在于"时间之外"的人起一个名字,而谢洛德却因此而感到比以往更多的踏实与对这片土地的亲近,即便开始时这位"看林人"曾是上帝,那种感情也没有此刻强烈。

谢洛德发现了"看林人"的一个秘密,他居然藏有一个大笔记本,而且还是用某种动物皮做的虽然粗糙却古朴的封皮,经谢洛德仔细鉴别,最后认为的确是真皮包装。他自己也不知道为何带着这种已经脱离"鉴别欲望"得以存在的环境的鉴别欲望来考察事物的存在形式,令谢洛德没想到的是当他打开笔记本以后,他找到了"鉴别欲望"在这里仍然延续的原因,也找到了打开未经允许本不该打开的笔记本的原因。

你思想上的财富总会在不经意间带给你应得的回报(必须承认这种回报有时来得很晚)。

翻开封皮,扉页上的字虽然是漂亮的手写连体字,还是被谢洛德一眼认出来了,是在欧洲文明史、思想史上占重要地位的德语。

一句简单的话震撼着谢洛德的内心——

"回到事本身,

让存在自我显现。"

"存在!"谢洛德内心激动,竟有些不敢翻开笔记本继续看下去。

当一个缠绕在内心很久的并不明确的问题和答案同时出现在面前的时候,品味问题的焦急远胜于赶紧看到答案的念头,"存在,一个常挂在嘴边的词。在看到这句话之前的几个小时里,我不是还在使用,还在诉说着吗?"谢洛德似乎抱着要回忆起自己曾说过的所有包含这个词的话来。

谢洛德想到太多的存在,面前的世界存在着,笛卡尔存在着(我思,我在),我也存在着,可是什么叫"存在的自我显现"?难道还有另一个存在的"我"需要显现?

"看林人"写下的文字中显然包含从别处记下的话,"我们忘记了存在,而只记得存在者的存在。"后面似乎像是"看林人"的独白:存在是一个过程,而存在物却是一个获得存在状态的事物,我忽视了存在物得以存在的理由。"为何总是存在着一些东西,而不是什么都不存在?"有人说这是神秘的,的确,当我们不知所问为何时,只有神秘。

谢洛德似懂非懂,已经不知如何继续看下去了,而思考也前所未有的活跃,"当我意识到自己时,我就获得了自我意识,我开始反思,于是我确定我的存在,'我'作为主体将面对自我与他人,以及世界。这难道有问题?为何'看林人'说自己忽视了存在物得以存在的理由,难道存在还需要具有什么意义?"

"凡人"回来时,看见那本陈旧的笔记本放在"迷路人"的胸前,看书的人已经沉入梦乡了。他去厨房做了晚餐,放了一份在"迷路人"身边,又将火盆向"迷路人"推近了一点,轻轻地将本子拿了起来,翻到最后记录的地方,看了一小会儿,沉思片刻,在后面接着写道:

我想,在存在终结之前筹划存在将是获得存在的本真意义的唯一途径。

另起一行:

我将获得存在的自由!

"凡人"将本子合起,静静地坐着像是等待黎明,可是子夜都还未到呢!

谢洛德睁开眼睛,看见手里的本子放在身边的地板上,"看林人"正看着他,"你都看过了?"

谢洛德没感到不好意思,这在以前怕是不可能的,"看不太懂,你不介意?"

"不懂？我以前也不懂。"对后面的一问像是没听见。

谢洛德说:"存在物与存在有何区别？或者说难道真能区别？"

"看林人"说:"当你看这个本子的时候,你的意识指向了它,你忘记了自己。当你睁开眼睛看见我的时候,你问我是否介意。'介意',是指我对你的意识,你从对我的意识指向做出判断,并从其中获得了自我意识。你的'自我意识'就好比是'存在物',而你的'意识'就是'存在'。你不觉得它们有区别吗？"

谢洛德细细体会,"你是说当存在指向自我的时候,自我才得到存在的意义,从而成为存在物的？那他人的存在又是如何获得的？"

"看林人"说:"'他人'在'我'这个存在中显现,他们都是对存在于此的'我'而存在的。"

谢洛德沉默着,不知自己是否真的明白了,"你记下'为何总是存在着一些东西,而不是什么都不存在'这句话,有什么含义？"

"这句话是人提出的。"

谢洛德笑了笑,"当然是人。"

"是关于存在物的。"

谢洛德点点头。

"是问存在的意义的。"

谢洛德说:"然后呢?"那意思是问"看林人"还能分析出什么。

"然后就能得到这样的解释:只有人才关心存在物的存在意义。所以人就是存在的意义的出发点,也是存在得以显现的基础。"

谢洛德有所感悟地说:"只要有'我'在此,事物就会向我显现它们的存在,而不需我的参与!"

"看林人"点点头,"事物的显现当然不需要'我'的参与,不过对事物做出判断就需要'我'的意识的参与了。"

谢洛德对"我"更感兴趣,"可是'我'又是如何存在的?"

"当你问到这个问题的时候,你的'我'就存在了,你是人并且在询问存在物的存在意义,所以你的'我'就成为'存在于此'了。"

谢洛德说:"这与'我思,我在'的'我'有何分别?不同样是说'我'的存在吗?"

"看林人"说:"它们的差别很细微,但却很重要。'我思,我在',思而后知我在,'我'已经成为思的对象了,可是如果'我'还未在场,如何思?"

谢洛德反驳道:"可是如果'思'不在场,又如何知道'我'在?"

"看林人"说:"所以并没有主体与客体的对立,并不需要我将自身作为思的对象才能确定我的存在,'思'不过是'存在于此'的一种存在状态而已。"

谢洛德努力地想将曾有的关于存在的意识统统忘掉,不然实在是太难进入"看林人"所诉说的一切了。可是,谢洛德想这样的纯净的存在又是如何沦落成现在这个模样的呢?——现在的"我"

会感到恐惧、孤独、不安、安静、快乐……而这一切难道都是"存在"自我的显现?

谢洛德问"看林人":"'存在于此'的'我'如何面对世界?"

"看林人"说:"我不知道你所谓的世界是什么!'我''存在于此'就会遭遇到其他事物,正是'我'与它们构成了世界。"

谢洛德说:"这样构成的世界岂不只是你的世界,而不是另一个'自我'的世界,每个'自我'都有一个世界,难道我们面对的不是同一个世界?"

"看林人"说:"噢,难道你能证明我们面对的是同一个世界?"

谢洛德愣住了,"我看到外边的树,你也看到了,你难道想说那不是同一棵树?"

"看林人"问:"你认为会是相同的? 面前是'同一片树林',我能找到自己的路,而你却成了'迷路的人',面对它时,你的意思是说我们的世界没有区别?"

谢洛德说:"我也可以做到像你一样熟悉这片树林。"

"没错,可是对于这片树林我们的感受能否相同? 能否等同于同一个对象? 对我们的意义又会相同吗?"

谢洛德一时无法回答了。

"它是我的世界的一部分,也是你的世界的一部分,但却是不同的一部分。"

谢洛德说:"如果按这样说,一个人想成为什么样的人完全取决于自身,但是事实上,并不是每个人都能成为自己想成为的人!可见,'世界'并不是'我'的世界。"

"看林人"说:"你说的没错,但有一点可能会更容易实现,就是一个人很难成为自己不想成为的人,可见,'世界'还是'我'的世界。不过,我必须解释你刚才问到的问题,答案很简单,'我'在遭遇其他事物时,必然也会遭遇到'他人'。实际上,'我'除了要操劳于事,还不得不操心于人,'我'的世界包括通过'他人'而获得的'他人'的世界的显现。至于我是否接受他人的世界是另一回事。我可以告诉你如何走出这个树林,但你可能并不接受,而是希望找到自己的林中路。"

谢洛德说:"在什么情况下我会接受他人的世界,又在什么时候我不会接受?"

"看林人"说:"这就涉及'我'与'他人'的关系,如果'我'被'他人'取代,'我'就成为'常人',此时我将接受他人的安排,这时最鲜明的状态就是平均状态,表现为碌碌无为、顺从公众意见、迁就、不负责任和归属感。"

谢洛德问道:"碌碌无为、顺从公众意见、迁就我还能理解,可是为何当'我'淹没在'他人'之中时会不负责任,而且还有归属感呢?"

"因为此时'我'做的任何事都是'常人'的意见,是公众的决定,当然不需要其中任何一个人来负任何责任,也正因为这样,才能获得归属感,因为'我'在此时找到了依靠。"

谢洛德说:"你说的'常人'不就是公众、大众吗?"

"看林人"说:"公众是一个群体,而'常人'是淹没在其中的'我',当'我'显现时,'常人'恰恰不在场,只不过这时的'我'所做的一切都恰好是被'常人'预设好的。如果非要像你说的那样解释的话,只能简单地说成:'常人'就是公众在'我'上的体现。"

谢洛德觉得这样解释至少还能知道"看林人"在说什么,随后自然就有另一个疑问,"如果'我'取代'他人'呢?"

"看林人"说:"那就是'我'对'他人'的介入,试图控制别人,如果此时的'我'不是本真的自我,而是代表某种公众的力量,那么也可以说就是试图使'他人'成为'我'的'常人'。"

谢洛德顺着"看林人"的话说:"你的意思是在这两种状态中'我'并不是本真的,还有一个'本真的我'?"

"对,还有一个不想被'他人'取代,也不想代替'他人'的自我。"

谢洛德很向往这样的状态,"那是一种什么样的状态?"

"看林人"说:"这种和谐的、完美的本真状态就是——超脱!"

谢洛德说:"你描述了'我'与世界、与他人的关系,可是还有'我'与自我的关系,又是什么状态? 而且你说存在本身是一个过程,又如何理解?"

"看林人"起身到院子里拿了些干柴放到火盆里,"睡吧。"

这个"凡人"的情绪似乎从未提起过,只是偶尔会跟谢洛德多说几句,今天看来还是由于这个本子引起的。谢洛德也不知道他什么时候会继续与自己再聊今天的话题。

子夜已经离去,谢洛德决定从明天起去了解这片树林和林中的小路。

二、畅谈——林中地

> 黑夜给了我黑色的眼睛，
> 我却用它寻找光明。
>
> ——顾城

"看林人"每日离开小屋的行动风雨无阻，而且大都是在谢洛德清早醒来之前离开的，谢洛德也知道他是不会邀请自己做什么的，这天凌晨，星星们仍在天空玩耍，谢洛德就已坐起来睁大眼睛等着"看林人"了。

"看林人"并未对谢洛德的举动做出丝毫反应，谢洛德已经熟悉这种"不存在"了，跟着"看林人"走出小屋，行走在林中小路上，谢洛德不知道要去哪里，也不知道他们走的路涌向何方。

他们来到一片空地上，"看林人"坐在一个已经被岁月打磨平整的石头上，就那样静静地坐着。谢洛德在空地上走来走去，不知道"看林人"随后会做些什么。大约两个小时过去了，什么都没发生。谢洛德终于忍不住问"看林人"："两个小时过去了，我们要做些什么还是继续待下去？或者到别的地方走走？"谢洛德本想让"看林人"带自己转转，但话到嘴边又想起这样的建议和请求大概不会有回应的。

"看林人"只淡淡地说:"是吗? 有那么久吗?"

谢洛德看着"看林人",忽然说道:"我以前觉得你是一个奇怪的人,可现在觉得你很清澈,是一个存在于现在的人。"

"哦,那你呢? 不在现在?"

谢洛德说:"我是一个延续着过去的人,我用以往的标准和习惯继续衡量现在的一切。"

"看林人"说:"按理说如果你是这样的人,就不会这样看待自己了!"

谢洛德想起自己看到那本笔记本时,曾有鉴别封皮的欲望,而后又自然地打开别人的东西却没感到犹豫,这一切在以往是不可想象的。此时内心有一丝触动,"我为何会有这样的念头?"

"看林人"看了看他,"你正在忘记过去,同时又在思考过去。"

"我不明白你说的!"

"我没有鉴别的想法,但是你有,因为你已经习惯了,当时你的心态仍然沉浸在以往的状态之中;你毫不犹豫地打开它,因为你已经开始忘记过去。而当你意识到这些正在发生时,你是在思考。你刚才也说自己是延续过去的人。"

谢洛德说:"可是为什么我会活在过去而不是现在?"

"看林人"侧耳像是在倾听某种细微的天籁之音,过了一小会儿,他对谢洛德说:"因为你不愿。"

谢洛德感到有些莫名其妙,我为什么不愿活在现在? 他不知自己是否该继续与"看林人"交谈下去,还有没有必要继续寻找林中路。"为什么,我为什么会愿意活在过去?"

"看林人"居然真的能找到理由，"因为你的心态！"

"我的心态？"

"你的心态仍然沉沦在一直延续的状态中，不愿离开。你会因为受到很好的文化教育而沉浸在对获得知识的自信中，你会随着一次次失败而对自己失去信心，你会高兴、会悲哀、会春风得意、会心灰意冷、会兴奋、会低落，总之，你在延续着曾有的情绪，你始终在过去之中。这些就是你的心态。"

谢洛德说："可是我也会在失败之后重新找回勇气，在快乐之后发现新的悲哀。"

"看林人"说："心态并不是一成不变的，有些长久有些短暂，重要的是你如何面对现在和未来。当你在黑夜中迷路的时候，你说你感到了畏惧，畏惧就是来自你的心态，它使你不敢面对眼前的一切，因为它们对你来说是完全的陌生。它们在你曾经经历的之外，你面对着抉择——必须做出选择的决定。可是你却畏惧了，畏惧说明你在逃避，你不愿面对眼前的一切带给你的压力，你害怕、孤独、寒冷、沉重。你失去了曾有的心态的保护，你多么想沉沦在过去之中啊。"

内心在冬日的阳光里瑟瑟发抖，脚底渗出了冷汗，谢洛德在回忆那天夜里自己是如何的心态，"看林人"似乎比自己更知道自己的内心，他似乎一直在旁边看着自己，并发出轻蔑的笑。"你呢，如果是你面对完全的陌生，你难道还有别的选择，你难道还能选择自己的路吗？！"

"看林人"说："你用不着激动，我没有说你，在那样的情况下每个人都会感到畏惧。每个人都会随时遇到他的黑夜——那就是现实！他要时刻面对选择，当他屈服于现实的压力时，就会感到害怕、孤独、寒冷、沉重。"

谢洛德问："如果不屈服呢？"

"那他就该及早做好迎接生活的准备，即便在成功的时候也不得不想着更远的困难。"

"那岂不是很累？为何要始终生活在焦虑之中？如果沉沦在过去之中，至少还能得到快乐，得到安全感和安静。"

像是某个记忆的片断掠过了"看林人"的眼前，"没错，那正是在'常人'中能得到的，正是'常人'的居所。可那也正好永远无法得到人生的大喜悦，无法获得真正的内心清静，无法敞开地表达生命的痕迹。"

"你的语言像诗一样，我只能感受却无法实在地获得证明。"

"看林人"浅浅地叹了口气，"也许你该试着证明它们！"说完这句话就站起身来，没等面前的"迷路人"再做任何表示，大概是又没了情绪吧！

谢洛德顾不了这么多了，边在后面紧跟着"看林人"穿行在林中小路上，边问道："那现在呢？"

"看林人"每到一处停留片刻，心情似乎就会变得好起来，"你刚才说现在？"

"嗯。"

"现在不是正在交谈？"

"现在就是交谈？"

"'现在'始终只是一个过渡，是从过去过渡向未来的中间状态，是通过语言创造现在。"

谢洛德被彻底搞糊涂了，"那沉默呢？"

"沉沦在过去或者在理解未来。"

谢洛德已经忘记了时间,真可谓"林中无甲子,岁月不知年"。

又看到外边冷清的夜晚了,"看林人"今天没有回小屋来,谢洛德沐浴在已经变暖的春风中,现在他已经熟悉这里的每一条林中小路,但却早已忘了来时的路。

看着笔记本上最后一句话:

"我想,在存在终结之前筹划存在将是获得存在的本真意义的唯一途径。

"我将获得存在的自由!"

谢洛德默然地回顾着自己的这段奇妙经历,"时间是存在的意义,当我沉沦于过去之时,我不仅会逃避现实,还会在闲言碎语中打发时间,或者在谈论与己无关的话题中消磨光阴,甚至只是胡言乱语地度过现在;然后还对未来爱搭不理,等待时间自己解决一切,似乎忘记了存在是属于我自己的存在;我畏惧,我逃避,我试图忘记我的存在。

"然而,似乎在时间之外的'看林人'却清晰地决定着自己的存在,他选择躺在林中的小屋里筹划自己的未来,坐在平滑的石头上听林中的歌唱,走在林中的路上看树木的生长。

"他在沉沦中怀着焦虑的心态面对生活,他通过语言的交谈捕捉现在,又在筹划中理解未来。他时刻感受着自己的存在,并创造着自己与事物、与'他人'、与世界的关系。"

谢洛德提起笔在本子的后面加上了一句话:

人就是不停地操劳于事,烦心于"他人",感受于己的存在者。

第二天,谢洛德沿着平日的小路找遍了曾与"看林人"停留的每个空地和角落,始终没有"看林人"的踪影,回到小屋,空寂令谢洛德再次沉沦于这段已经成为过去的时光之中。

没有交谈了。

谢洛德来到"看林人"常带他去的小镇上,在镇上唯一一家简陋的小酒店里靠着门边静静地喝着略带苦涩的烈酒,这几天没人见过"看林人"。

谢洛德看着来往的人群,这时泥泞的路上一辆晃晃悠悠的破汽车突然撞倒了一个行人,大家的目光全都注视了过去,谢洛德也成了这一事故的观众,就在这一刻,谢洛德出乎意料地介入了"我们"之中。也就是在这一刻,谢洛德感到了一种熟悉的充实感,他现在知道自己——此刻的自己——正作为"常人"在感受,"包括我将使用的语言也将是'常人'的闲言碎语"。

谢洛德放下手里的酒杯,匆匆离开。

在走出小镇的时候,谢洛德回头看着已经平静下来的小镇,这个场景熟悉得就像已经经历了无数回。"那个受伤的人已经得到了救治吧?"谢洛德苦笑着摇摇头,离开"常人"的想法、"常人"的语言、"常人"的一切谈何容易!

三天后,"看林人"还没有回来,谢洛德合起本子,熄灭了火盆。

谢洛德走出林中小路,站在出口处看着这片树林,他确信这就是来时的路,可是现在又将走向何方?谢洛德已经记不起当初来到这里的原因了,而现在却有了继续走下去的理由——回家!

在路上,谢洛德反复地想着一句话:其实未必一定要离开"常人"的状态,因为成为"常人"未必就不知道自己的存在。

三、归途——路尽头

> 人没有本性而只有历史。
>
> ——伽塞特

茫然四顾!

谢洛德像一个远离这个时代的游吟诗人四处漂泊,秋天又来了。

飞罗是个很小的镇子,塞林杰先生一家是镇上最富有的,可是他并不快乐,始终纠缠他的,令塞林杰先生最担心的是他几乎聘请过镇上所有的老师,可自己的儿子一个都不喜欢,现在他不知道该怨老师不好还是儿子不听话了。可是眼看着儿子的年龄越来越大,性情也越来越古怪,整日游手好闲,真不知以后会成什么样。

"天冷了,先生,"司机对塞林杰先生说,"上车吧!"

塞林杰先生摇摇头,"你先回去吧,告诉夫人和少爷我晚点回去,让他们先吃饭吧,不要等我了。"

"先生,你会在什么地方?我一会儿来接您。"

"不用了,我自己转转就回去。"说完塞林杰先生就向河岸边走去了。

黄昏的岸边只有稀稀落落的几个回家的行人和散步的老者,塞林杰先生走到岸边点燃烟斗,轻轻地将青烟吹向风,倏忽间就消散在悠闲的空气之中。看着这种轻巧的灵动,塞林杰先生的嘴角露出一丝不易察觉的带着满足的微笑。"能借个火吗?"一个略显粗犷的声音打断了塞林杰的陶醉。

虽然感到了一点不快,塞林杰还是很绅士地将火柴递给了陌生人。

一股呛人的雪茄差点让塞林杰咳嗽起来,陌生人说声谢谢,将火柴递还给塞林杰。然后并没有离开,用肘支着岸边的护栏,"能问一下这是什么地方吗?"

塞林杰离他大约有一米左右的距离,四处张望了一下,"您是在跟我说话?"

"呵呵,其实我当然能问,只是你也可以不回答,我应该问'能告诉我这是什么地方吗'。"他似乎并没想知道答案,只是在自言自语。

"你问什么我都可以不回答。"塞林杰觉得这样说话有些不符自己的绅士风度,应该说"这是飞罗镇,先生,您是从外地来的吧"等等诸如此类的话。不知自己为何改变一贯的风度,那句话就脱口而出了。

那个陌生人又说:"当然,其实你回不回答对我都是一样。这里很美,谢谢你的火柴。"陌生人的雪茄烟从十米之外仍能飘到塞林杰的面前。

看着他的背影,塞林杰忽然觉得这个不太讲礼貌的陌生人并不像一个粗鲁的人,他的语言也并没有不尊敬别人的地方,并且那种随意的交谈之中还带着令人亲近的自然。"等等,想一起去喝一杯吗?"

小镇的酒馆格外安静,"陌生人"说:"这里很安静,我以前以为酒馆都会很热闹。"他不问塞林杰任何事,甚至连称呼也没有,只是谈论着眼前所见的一切。

塞林杰说:"我很少来,安静能让人放松。"

"就像热闹一样。"

"但结束之后却不一样。"

"陌生人"说:"有何不同?"

塞林杰说:"安静是消除烦恼,过后就会忘记;热闹是遮掩烦恼,过后却会想起。"

"陌生人"问:"能忘记的烦恼还是烦恼吗?"

塞林杰也问:"能想起的烦恼才是烦恼吗?"

两人都在内心里笑了笑,"干杯!"

从酒馆出来,站在街上,"陌生人"说:"再见,我要走了。"塞林杰看看天上的星星,"你去哪儿?""陌生人"坚定的神情里带着茫然,"寻找回家的路。"

塞林杰说:"回家的路还要寻找? 你岂不是已经迷了路?"

第二天,塞林杰走到院子里时,看见儿子卡宾正在与昨晚的陌生人谈论着什么,"你们起得很早呀。"

"爸爸,"卡宾冲着塞林杰喊道,"这位先生是你的朋友吗?"

塞林杰笑着说:"我不知道算不算,你要问这位先生本人。"

卡宾对陌生人说:"你能留下来吗?"

"有事吗?"

卡宾说:"你刚才不是说你自己也不知道要去哪儿吗?那就是说在哪儿都行,不是吗?""陌生人"的视线穿过院墙,看着远处飞过天际的一群大雁,"带我去你刚才说的湖吧。"

昨晚塞林杰就有种奇怪的感觉,他觉得卡宾会喜欢与这位陌生人交谈,只是没想到这么快他们就成了朋友。看着他们不和谐的身影,却似带着天然的缘分。

卡宾问"陌生人":"先生,你到现在还没告诉我你的名字。"

"我不是也没问你吗?我们的交谈根本不会涉及你我。"

卡宾觉得有些莫名其妙,为什么不能谈论自己,难道这个陌生人有什么秘密?

"陌生人"似乎知道卡宾在想什么,"我们都没什么秘密,也正因为这样,才没有谈论我们自己的必要。"

"陌生人"随着卡宾来到离镇子很近的一个湖边,看着清晨中偶有涟漪的湖面,令人感到一阵阵的清爽。

卡宾爬到湖边一株倾斜的树上坐着,"陌生人"看了看说:"看样子你是这里的常客。"

卡宾说:"你是不是觉得我有些奇怪?"

"陌生人"摇摇头,"我觉得你一点都不奇怪。"

"可是镇上的人都认为我有些古怪,开始我觉得是他们有问题,可是后来大家都这样说包括我的家人,慢慢地我有时也会觉得自己有些与别人不同。"

"陌生人"的目光飘在湖面上,"那是因为你是自己。"

卡宾没听懂,"别人都不是自己?"

"陌生人"说:"我不知道他们是不是自己,虽然按道理最先知道的应该是他们自己,可事实却未必如此。"

"为什么他们对我的看法会完全一致?他们与我不是一类人吗?"

"陌生人"说:"我不知道。他们对你的看法一致并不代表他们都是一类人,也不代表与你不是一类人。大家的说法有人迎合、有人道听途说、有人瞎起哄,但是的确会有些人的观点恰恰就是'大家的说法'。不能一概而论,'大家'实在是一个令人怀念又惧怕的词。"

卡宾对最后一句话感到不解,"什么叫怀念又惧怕?"

"陌生人"似乎在回忆什么,"当我像大家一样的时候,既温暖又轻松,那种感觉好像找到了自己的家,真的不愿离开,就此下去。"

卡宾似乎也听出这个陌生人一定想起了什么,两人沉默了好一会儿。

"那不是很好吗?"卡宾说道,"难道你觉得人不该找到精神上的依靠?"

"陌生人"说:"当然应该!不过这句话好像该我说给你听。"

卡宾呆了一下,恍然间有所领悟,自己的孤独与寂寞不正是来自"离开了大家"吗?!可是为何又要惧怕?"我却从未因此感到惧怕。"

"陌生人"点点头说:"你不惧怕是因为你还没感到自己会消失——消失在'大家'之中。"

"你的意思是说,我随时会被'大家'融合,随时都会成为其中的一分子,随时都会将自己丢失?"

"陌生人"摇摇头说:"你说的是结果,我是说当你意识到这种可能的时候,就已经开始害怕了。"

卡宾说:"如果是这样我就不会怀念了!为什么你说会怀念?"

"因为……""陌生人"刚说了这两个字,"看林人"的身影与声音就像在身边、在耳边,"也许是在逃避现实的时候,总之每个人都会在不经意间走进它,即便是在充分认识到这一点以后,仍然很难避免。'怀念'就是不经意地走进它!"

谢洛德终于在与卡宾的谈话中知道了关于卡宾的所谓"古怪",其实卡宾不过是害怕长大,不愿接受未来,因而自己的"现在"总是在回忆过去,并为不可追回而沉默与忧郁。他活在过去之中,这种心理随着年龄的增长而逐渐成为一种对生命的怀疑与悲观,同时却又夹杂着自身的坚强与抗争,他感受到了自己,却尚未发现自己。

"其实你的这种状态也是某种'大家'的行为和心理,只不过在你身上表现得更强烈一些,也更纯粹一些。你之所以没有沉沦于过去,是因为你感受到自己的存在,并试图抓住它。可是,你还没有抓住。"

"看林人"的话又浮现在谢洛德的脑海中,"当思考时间与生命的关系时,一个奇怪的情绪产生了:我们很难把握什么才是活在现在!'现在'……非常短暂,就连张下嘴的工夫都已成为了过去。可是,生命实际上恰恰就存在于'现在'之中,不是过去也不是未来;而我们却又不得不选择'过去'或'未来',唯独要错过'现在'。"

正想着,只听卡宾说:"我们还存在吗?我真的要怀疑了,我有种感觉,'我'从未存在过,而只有时间的流逝,'我'只不过是时间流逝的载体。"

谢洛德定了定神说:"每个人的面前都有一个终点,你、我都是面对着这个终点前进的,在到达终点之前,没人知道你是什么样子,也没人知道我是怎样的存在。我们正是以终点作为坐标,沿着'未来—现在—过去'的时间轴行进的。生命并不能简单地归于有机细胞体在时空中的活动,而是在生命的存在中——在存在的历史中获得了存在的意义的!"

卡宾的心中一亮,"你说那条前进的轴为何不是'过去—现在—未来'?"

谢洛德笑着说:"要是那样就好了,我就能知道回家的路了!"

卡宾看着"陌生人"的背影,感觉他们已经认识了很久,却又想不起来。

湖边成了两人交流的世界,有一天……

四、欢乐——回故乡

> 世界上小小的漂泊者呀,
> 请在我的文字里留下你们的足印。
>
> ——泰戈尔

谢洛德与卡宾乘着一辆破旧的汽车驶向弗涅尔,谢洛德对卡宾说:"谁也不知道人生的经历会如此奇妙!"

原来,谢洛德和卡宾有一天又来到湖边交谈,他们的话题从个人的历史(经历)延伸到关于人类的历史。人类的历史是怎么回事?这显得很清楚,只要翻开历史教科书或者什么世界历史通史一类的著作,尽可以找到关于自己想要的历史事件、历史时期的描述和记载。这难道还有什么可以怀疑的吗?

可是卡宾却对"陌生人"说出自己的发现,"不同的历史书籍对同一个历史事件的描述并不相同,我问过一些老师,他们总是告诉我其中某本书的这一部分记载有误,那本书的那一部分描述不对等等。可是我想历史难道可以这样随意地凭后人妄加猜测吗?"

谢洛德说:"我想其他生物没有自己的历史大概是因为没有文字,它们虽然也会有自己的语言,但是它们的进化只能是通过本能的演变,它们的历史不过是在重复,其中的每一个个体始终是作为个体存在的,包括通过集体合作而存在的如蜜蜂、蚂蚁等生物,最多不过是形成群体而不是独立的社会。人类的发展却是以社会的形式进行的,而历史是重要的因素,所以历史不在于语言而在于记载,即文字的存在是前提。后人正是在历史中获得前人的经验,以前人的终点作为自身的起点,人类不是个体的重复而是社会的发展。我们当然不能对历史妄加猜测,但却可以有所选择。"

卡宾说:"历史并不只是用文字才能记载,口头上的延续也是一种。"

"在人类社会的早期的确是靠口口相授的办法使其延续的,而且大多反映为神话和传说。"

卡宾觉得没说到自己关心的问题上,"可是无论是文字记载的历史还是口头传授的历史,总要有一个真实的历史,而不能有两个事实吧!"

谢洛德说:"没人说过历史有两个事实。"

卡宾说:"那为什么对历史的记载并不相同,而有人相信是这样,另一些人又会认为是另一样?"

谢洛德说:"首先全面记载历史是不可能的,历史是一切过去的事件总和,没有任何一个人能记载全部事件。另外,你说的不同其实很简单,因为记载历史的人会有自己的倾向和偏爱,他们在选择记录事件的时候不可能完全一致,这也是为何同一事件有的记载详细而有的只用一句话就带过了。"

卡宾说:"如果是这样的话,岂不是根本没有真实的历史?"

谢洛德说:"必须区分历史的两种用法,一种是指实际发生的一切,另一种是指记录流传的关于过去发生的事件。前一种就是最真实的历史本身,后一种是后人能获得的关于过去的历史,你说它是否真实?"

卡宾说:"既然无法完全记述,而且又带有记录者自己的影响因素,我们所看到的历史还有什么真实可言,倒不如说那只不过是历史学家们自己的'历史'。"

谢洛德点点头,"当然可以这么说,不过我倒想问你,你想知道真实的历史到底是为什么?知道真实的历史与知道历史学家记载下来的历史有什么区别?"

卡宾奇怪地问:"难道我们知道不真实的历史会更有意义?"

谢洛德说:"这里根本不存在什么'更有意义',因为刚才说过'真实的历史'根本不可能。所以,我的意思是说,你想得到的并不是'真实的历史'而只是历史所能给你带来的意义。"

卡宾说:"可是我看到的历史难道不是记下在过去某个时间某个人曾于某个地方做了某件事吗?书写历史难道不就是为了记下一件件'真实的历史'吗?"

谢洛德说:"如果是这样,我倒非常理解以前不太理解的印度人了,他们宁可闭目冥想自己与宇宙的关系,而不想关心昨天发生了什么。他们始终面对着未来而生活,他们活在未来。这样倒比翻看历史更有意义了,好歹能为明天多做些打算。

"其实你说的态度并不是面对人类历史时的态度,而是大多数人面对个人的历史(经历)所表现出来的,即只有回忆而无意义。"

卡宾说:"你说的意义是什么,难道会在历史之外?"

谢洛德说:"这的确有些奇怪,不过我听过一个故事,也许能说明什么是历史之外,为什么需要'历史之外'。故事说历史需要一个聆听者,就像忏悔者与神父的关系,虽然忏悔者本人可以喋喋不休地就像编年史一样地说出自己生平的重大事件,甚至还可以讲述得妙趣横生,但却无法看透其中涵义,同样,历史尽管能展示世界的风云变幻,丰富而全面的生活,却必须留待那位神父(哲学)来加以解释。开始时历史几乎会否认与哲学的关系,而随后却会认同这种哲学概念为基本事实,而将其他方面仅仅当作表象而已。"

卡宾说:"你说的历史之外就是哲学?那么历史的意义需要哲学来解说?可是刚才我们还说记录下来的历史并不是真实的,而是历史学家的,那我们又如何通过哲学获得历史的意义?"

谢洛德说:"其实早期的历史只是记述历史事件,不可能做到对历史本身的思考,只有经过很长一段时间以后,人们才会发现其中还存在很多问题,长时间的积累使人类意识到记述历史本身就需要有一个方法,记述历史本身就需要被研究。"

卡宾说:"既然历史的撰写者都将身处自己的时代,那他(她)们必将带着当时时代的生活、意识来看待过去,而这又是促使作者按自己的方式和关注点思考历史的前提,因而记录下来的历史必定是关于历史本身在思想上的测度与整理,而贯穿其中的正好是作者的思维和观念。"

谢洛德说:"正因如此才会有人说'一切真正的历史都是当代史'。"

卡宾说:"我倒以为可以进一步说,一切历史都是某个时代的思想在过去寻找线索的思想史。"

谢洛德说:"你的意思是记录历史的时代将过去作为一种工

具,以历史的形式来展现当时的思想。"

卡宾说:"你觉得有疑问吗?"

谢洛德说:"不是这个意思,我想说'历史'不仅是展现当时思想的工具,有时甚至会成为一种目的。"

卡宾对这个陌生人的大胆提议感觉正在走向一个未知的深渊,"你是说历史将呈现我们想要的样子?"

谢洛德看看湖面,回头看看卡宾,"难道不是? 当我们关注战争时,整个人类历史就是一部战争史;当我们关注经济发展时,我们又会发现历史就是一部经济史;甚至当我们决定关注服装时,人类历史就成了一部服装发展史。"

卡宾笑着说:"虽然有些偏颇,倒也有些道理! 不过说着说着,我倒觉得历史不过是文学的一种,是一种文学创作。"

谢洛德好像没明白他想说什么,只是"哦"了一声。

卡宾没等"陌生人"说话就接着说道:"正如文学是将人物、场景、事件组合在一起一样,历史作为文学的特殊点在于创作时所选用的基本元素具有相对确定性,但这并不表示这种元素之间的关系也必然的具有确定性,能与'真实的历史'一模一样。它们之间的关系恰好是书写历史时在思想上的创作和重新整合,并被撰写者赋予某种或内在或外在、或必然或偶然的联系,从而某两个事件在一本历史书中被认为毫无关系,而在另一本书中却被认为是必然的因果链条。所以,"卡宾叹口气又接着表达自己的观点,"这样的历史该结束了,如果只有这样的历史,我看历史还是终结了吧。"

谢洛德说:"可是你要记住,这种历史也很真实,它就是这样存在着——真实地存在着。"

卡宾似乎一定要从中找到消解历史的理由,"可是还有一个可能的结果,读历史的人对文字的理解与记载的文字本身的涵义仍有差异,看者虽有文字作为阅读的前提,但看出的东西,理解的角度仍不相同,即便与作者也不会相同,他(她)们也是带着自己的思想、观念和背景在看呀!"

谢洛德说:"没错,正是在这个意义上,我们看到的其实不是某个人曾经经历的事件,而是时代的演进。也就是说,历史的主体不再是'人',而是思想、文化,是文化在时间的进程中演进。历史的确会有终结的一天,但终结不是消失,而是走向另一个轨道。"

卡宾觉得这个已经渐渐熟悉的"陌生人"(之所以陌生仅仅是不知道姓名)尽说些自己都会感到奇怪的话,可是又觉得不无道理,甚至可以说比自己想象的更有道理、更可接受,"如此说来,人的历史从未开始过,存在的始终只是以思想、文化的形态出现的社会的历史。难道哲学倾听了历史的'忏悔'之后就给出了这样的'启示'吗?"

谢洛德的声音就像一个经过岁月长河的老者,"人的历史开始的地方正是现在所说的历史真正终结的地方。"

(停顿与片刻的沉默)。

"——那个'地方'就是:'个人'不再以'常人'显现,而是以'自我'本身显现!"

两人用无语的安静对这样的谈论结果保持了"个人"所能对"历史"的敬意。

这时湖边能清楚地看见欢快游弋着的鱼儿们,谢洛德的心情忽然像照射到了明亮的阳光,变得清澈、纯真起来,他轻手轻脚地走到湖边,生怕惊动了鱼儿们,轻轻地将手放入湖水中。

一条形状怪异的鱼游到了他的手边,谢洛德生怕惊走了它,一动也不敢动,一会儿手脚都变酸了,卡宾奇怪地问他在做什么,谢洛德的脚也蹲麻了,手一抬,哗的一声,鱼儿翻身激起的水花溅了谢洛德一身,谢洛德急忙站起身,一不小心脚底踩滑了……

"哎哟……"谢洛德向后一退坐在了岸边,擦了擦溅到脸上的湖水……

卡宾赶紧从树上下来,扶起谢洛德,"你怎么了?没事吧?"

谢洛德看着卡宾,"卡宾!我是谢洛德呀!你不认识我了?"

卡宾愣愣地看着他,"谢洛德·麦卡纳利?!你……你不是消失了好几年了吗?你应该早就认出我?为什么到现在才说呢?你的胡子像我见过的一个'看林人',我真以为你很老了!"卡宾激动得语无伦次,眼眶里闪着喜悦的泪光。

于是,就有了谢洛德与卡宾一起乘着一辆破旧的汽车驶向谢洛德的故乡——弗涅尔的一幕。

谢洛德终于找到自己回家的路了。

人生的经历真是奇妙!

利用现象学的方法我们多少能看出一些假象的意义:现象本身没有真假,只有在寻求真理时才会追究"现象的意

义",于是才有真假,即"假象的意义"在于遮蔽真理。

现象学作为方法成就了当代众多存在主义思想家,也使存在主义成为一种渗透于人们日常生活的生活方式,并在八十年代前后的中国获得了很多反响。海德格尔并不承认自己是存在主义,但无论如何存在主义者却欣然将他的理论列为自己的理论来源之一。

"存在"在语言中得以表达,海德格尔想说的和已说的很多话都能引起中国思想界和思考者的共鸣,他那种敞开的思的境遇,回到诗的语言情结,无一不暗合着东方古老的超越理念。物我两忘正是其中的追求境界。

关于思想上所谓主客观,唯心唯物等的对立划分,其实区别并不像从字面上看上去的反差那么大,一个重要的区别是从人类的存在角度去看还是从人类的存在之外去看。由此所形成的关于世界、人生等的观念势必有所差异,可是这种差异是显现在语言上——如上面说的对立,还是显现在思想的内容和实质上?细细想来,人的世界的意义当然只对人有意义,我们如何看待世界,完全在于我们自己,在这一点上没有区别,而真正的区别在于对如何才能"正确"地看待世界的理解上!

正是类似的区别也出现在关于历史的思考与观念上,当历史从记录已经"沉沦"到解释时,我们知道关于现在最本真的状态也只能是"言谈"而已了,可是我们也要切记时刻提醒自己——要知道——"现在"也正是"筹划""未来"的决断之际。

只有当我们将历史置于语言的境遇中时，才能深深地领会文学对历史的述说，才能体会一部伟大作品的真实含义。作为中国人应该因为一部文学作品而感到骄傲，它对历史的描述与启示，不在于作者的最初动机是为了换几杯黄酒还是打发无聊的光阴（当然做这样猜测的人恐怕才是为了"黄酒"和打发光阴），而在于它沉淀了悠久的文化与灵性。后世称它作《红楼梦》。

理解历史还有另一个问题，当然同时也是语言之间的翻译问题，这里说的翻译不光是说不同文字或语言之间的翻译，而泛指所有的翻译行为，包括对古代语言的理解等等，比如古文翻译成白话文。

语言之间的翻译不可能！

不是说"桌子"不能被翻译为其他语言，而是说《红楼梦》被翻译后可能不再是原来的模样了，情节大体是能得到的，但语言之外，字里行间的含义将丢失很多，甚至可能又额外地增加了另一种语言的"字里行间"的意思。

第八章
"骗人"的科学之光

一、墙上挂着的,真的是艺术品?

> 任何艺术作品都是自己时代的孩子,
> 它常常还是我们感情的母亲。
> ——康定斯基

斯蒂文森双手托着下巴,愣愣地看着对面墙上的一块帆布,屋里显得有些阴暗。

伊普罗叼着没有点燃的烟斗踱进斯蒂文森的工作室,他没有敲门。进来后径直走到窗前将窗帘"唰"地一声拉开了,外面等待已久的光线像秋天的落叶一样铺满了整个房间。

"躲在阴暗里就能找到什么灵感吗? 如果是那样,这个世界就简单多了,当然最好的艺术家可能就是蝙蝠或者老鼠了。"

斯蒂文森动也没动,只是眼睛随着光线的进入眯了起来,"你最好出去,尤其是你该死的烟斗,下次进来之前最好先把它扔了。"

伊普罗笑着说:"我出去倒没什么大不了的,不过你因此而见不到一个人恐怕就有点'大不了'了!"

斯蒂文森还是没什么举动,"你说话能不能不那么拗口。现在除了那块布难道你还会觉得我想做什么吗?"

"难道什么都不想?"

"什么都不想,包括你说的那个有点'大不了'的人!"

伊普罗点点头,点燃了烟斗,"好吧,他后天就走。"还没等斯蒂文森起来把他踢出去,伊普罗已经边说边走了。

斯蒂文森直到夕阳西下仍然没有任何感觉,他猛然站起身来,抓起身边盛有各种颜料的容器,向墙上那块折磨了自己已有数日之久的帆布泼将过去,只几秒钟的工夫,质朴的帆布就成了颜料铺,五彩缤纷煞是好看!

斯蒂文森呆看了一会儿,发出会心的笑,"这好像就是我想要的! 可它是什么?"

感觉有些饿的斯蒂文森走下楼梯时看见有两个"小偷"正在冰箱里翻腾,"喂,你们在找什么?"

那两个人吓了一跳,其中一个说:"反正不是艺术品。"

他们转过身,斯蒂文森看见伊普罗和他身边的人,"杜力,是你!"紧走几步,"你什么时候来的?"兴奋得差点绊倒在台阶上。

伊普罗说:"我们正商量着弄点吃的就走了。"

杜力说:"是呀,听伊普罗说你谁也不想见,觉得还是别自找没趣,要不是等了一下午感觉饿了,恐怕现在你已经见不到我们了。"

斯蒂文森忘了自己给伊普罗说过什么,现在又想起自己刚完成的"杰作","你们上来,先别吃了,快点,来吧!"

他们跟着他重又回到工作室,斯蒂文森指着墙上那块帆布说:"怎么样?"

伊普罗瞪着眼睛看了一会儿,"呃,你知道我对绘画知道得很少,我是说你画的是什么?"

斯蒂文森眨眨眼,挥挥手,耸耸肩,"你看见了,你是说你不知道这是什么?"

"对,这是什么?"

"你不觉得这是一件很好的艺术作品?"

伊普罗说:"的确很艺术!就是理解起来有点困难。"

斯蒂文森看杜力很仔细地注视着墙上那块色彩丰富的帆布,"杜力,你说说,感觉如何?大胆地说。"

杜力说:"我不会害怕说出来,只是我现在还在感觉,要不先去吃饭?!"

伊普罗看着斯蒂文森惊愕的表情,哈哈大笑起来。

斯蒂文森吃的最多,刚吃完饭,就大声说道:"再回去讨论讨论。"三人又回到工作室,当然这是在作者的一再要求下,两位第一观众也想明白了,要不说出点什么恐怕真要用浓咖啡打发这个晚上了。

伊普罗在屋里走来走去,终于在走到第四圈时,停下来看着帆布说:"说真的,这里面没有现代理性可言,我看到的就是理性的丧失,或者也可能是丢失、缺失,总之是没有。"

斯蒂文森面带喜色,看来他喜欢这个评价,难道这正是他所追求的?伊普罗点点头,"我的意见就是这样了,那你自己又如何认为呢?"

斯蒂文森没回答,而是转向杜力,"我先听你们的意见,杜力你说呢?"

杜力一直在脑子里搜集关于绘画的一切记忆,包括道听途说的只言片语,并迅速地将它们与眼前的帆布联系起来,当然还要从中挑拣一些互不矛盾的意见,否则会被斯蒂文森认为是在敷衍了事,那可就越发没完没了了。

杜力故作深沉地抬起右手,示意大家安静,这表明他的思绪正在急速地运转,稍有不慎就会被打断,从而将整个内容全部忘记,对于这样的思考者,心有灵犀的朋友自然是立即变得沉默,并尽力保持整个小环境自然发展的趋势。

只见杜力慢慢地走向一个画笔,拿起来随便抹了点色料(不知什么颜色),面对一块木板(斯蒂文森张大了嘴想说那是他好不容易找来的,但又怕丧失了看起来很具价值的评价,只好咬牙忍痛割爱了,毕竟好木板还能找到,而思绪却可能永不再来!),缓缓地画了一个弧线,最有意思的是他又冲着弧线凹下的方向上画了一个箭头。然后杜力站着没说话。

伊普罗实在忍不住问他:"这是什么?一条弧线?"

斯蒂文森觉得自己在哪儿见过这种图形,"你加上这个箭头,是不是有点格式塔心理主义的意思?"

杜力点点头说:"是,这其实不是弧线。"

伊普罗奇怪地说:"那是什么?总不会是直线吧。"

"你说得很对,这是一条直线,不过你看这个箭头,"杜力指着那个箭头说,"是它把直线压弯了。"

伊普罗愕然,斯蒂文森痛惜(本以为有什么高深的见解,看来要白白浪费那块好不容易找到的木板了)。

对此情此景杜力似乎心若明镜,"不要为木板感到痛惜,你即将得到你所得。"

伊普罗笑着说:"你要布道,还是要开示,或者是要算一卦?"

杜力也笑道："都行，我接着说，我画了这样一条线和一个箭头而且还加上了心理的解释，但是你们都知道其实我在模仿。这就像一只聪明的猴子端正地坐在书桌前，手里捧着一本《哲学简史》，并时而做出冥思苦想的表情来，可是我们知道这些现象没有任何内涵。我的模仿就是这样。所以，我的意思是一件伟大的，或者说，一件成功的作品必须是它的时代的孩子、时代的产物，模仿再伟大的作品都不可能具有作品的深刻内涵和精神气质。"这时，杜力指着斯蒂文森的那张帆布说："它，就是这个时代的孩子！"

斯蒂文森激动极了，感觉终于给那块帆布和自己的内心感受找到了可以栖息的港湾（并决定将那块木板收藏起来）。

当然杜力一再声明这些观点都是从别处听来的，他唯一做的事是指出斯蒂文森的作品符合这个标准。不过，伊普罗虽然接受了这样的解释，并认为很好，但他还是想明白这个"时代的孩子"到底是什么，"我能不能这样理解，斯蒂文森的作品即便不是伟大的至少也算是成功的，毕竟它是时代的孩子。"

杜力说："每幅作品都是时代的孩子，并不是都成功。但是，我刚才的意思的确是说这幅作品具有成功的因素。你说的还是基本正确。"

伊普罗刚才的一句并不是重点，接着说道："现在我想知道的是'这个孩子'到底是什么？你们俩谁能给我解释一下。"

斯蒂文森说："你自己刚才不是已经说过了吗！我表示同意。"

"你是说没有理性？！"

"对。"

"就这样，没有别的了？"

斯蒂文森点点头。

杜力说:"也许可以这样来看这个问题,当然作品一定包含着点什么,没有理性的意思就是说可能包含着别的东西,我以为是——情绪。"

斯蒂文森觉得这样说更接近自己的感受,因为最终自己将颜料泼向帆布的那一刻正是当时情绪的流露。

杜力又拿着刚才的画笔,走到一张扔在地上的旧布边上,"两位,帮我把这个拿起来。"

伊普罗和斯蒂文森不知杜力想干什么,杜力在画布上胡乱地抹了几下,把笔一扔,"你们看看,有什么感觉?"

伊普罗皱着眉说:"看不出与那块布有什么区别。"

斯蒂文森忍不住说:"你们别叫'那块布'好不好,那是作品——艺术作品,什么叫'那块布'呀!"

杜力说:"没什么区别!这就对了。"

伊普罗莫名其妙,"什么就对了?"

"它们的确区别不大,因为它们都是情绪的表达。"

这时,斯蒂文森突然看见他的作品好像与以前有些不同了,扔下杜力的"作品",走近那块帆布细细地一看,原来是颜料由于重力的原因在画布上流下了一道道痕迹。杜力看着说:"这和以前有什么区别?"

伊普罗说:"我还是看不出有什么区别!"

斯蒂文森也说不出。

杜力说:"我想也没什么区别,这正好说明这个时代的作品特性,就是——没什么区别。"

"这句话的意思杜力自己清楚吗?"伊普罗在想。

不过杜力补充道:"其实'没什么区别'的意思就是——复制。虽然每幅作品都不一样,但是你们刚才也看到了,每幅作品又没有本质的区别,无论只有一种颜色还是有成千上万种颜色,也不论只有一个小圆点还是有无数的形状,结果都一样;而且无论走到世界的哪个角落,只要是这样的操作方式,结果也都一样;甚至随便什么人都行,包括像我这样的从未画过画的人。"

斯蒂文森好郁闷呀!

伊普罗说:"按你说的,岂不人人都是艺术家?"

杜力说:"那就要看你怎么定义艺术家了。"

"我不认为人人都是艺术家。"

"我也不这样认为。"

斯蒂文森说:"我不知道自己还剩下什么了?"

杜力说:"不会把你打击成这个样子吧,我可不是说人人都是艺术家,我是说这个时代的艺术已经不再高不可攀了,它的艺术性不是体现在常人无法企及的高空,而是就在身边的陆地上。这个时代不再把艺术家看成异于常人的天才,而是接近大众的一个群体。简单点说就是,艺术成了生活的朋友。"

伊普罗说:"我倒是想起一个故事:有两个画者,其中一个自称伟大的艺术家,他走遍世界各地寻找他想表现的伟大作品,可是许多年过去了,当他回到家乡时,他失望地告诉大家'我走遍了世界的每个角落,可是竟没发现一张完美的脸值得我去画,每张面孔都会有这样那样的瑕疵,唉,真是寂寞呀';可是另一个只是默默地在村子里一待几十年,他没去过其他地方,他说'我身边的人群中没有一张完美的脸,可是我在观察他们的过程中发现每张面孔都并非微不足道,其中总包含着值得我去捕捉的伟大品质'。

"所以,艺术不是对生活的诅咒和临摹,而是在其中发现伟大和美来,这项工作本身也正是艺术家区别于其他人的特性。"

斯蒂文森说:"可是我现如今旨在表达自己的情绪而不是你说的动机,看来我也不过是将绘画当作职业的人,至多是一个画匠而不可能是真正的艺术家了。"

杜力安慰他说:"伊普罗的故事的确很有启发,不过艺术的标准也未必就一定是美化生活,一定要从正面表达真、善、美;难道揭示世间的假、丑、恶不是一种表达吗?"

斯蒂文森敏感地说:"你的意思是说我揭示了自己的假、丑、恶?!"

伊普罗哈哈笑出声来,"你要是能揭示,也未必不是好事。"

杜力说:"表达混乱当然可能让你的画面也显得混乱,而且时代自然会给予你这个时代的意义,你又何必介意自己的创作呢?哪件伟大的作品也不会是事先准备好的!如果是那样,恐怕艺术早就成了生产线上的产品了。"

伊普罗说:"你这样说,我倒真觉得现在的艺术品就像是产品,被大量地生产制造出来,随处可见。而真正的艺术性却看不见了。"

斯蒂文森渐渐地从"打击"中恢复了过来,"可是现在的艺术性就是这样表达的,它代表着我们的情感方式。"

杜力点点头说:"它们不仅是生产线上的产品,更重要的是它们已经成为我们的消费品,它们就像牛奶和茶叶一样,我们没有它们不行却又从未想过它们的意义,或者说不必去想它们的意义,因为只要知道我们自身一定需要它们就可以了。这是我们的悲哀,却未必是艺术的悲哀。艺术还将是它所是的样子,既是时代的孩子也是我们感情的母亲。"

斯蒂文森说:"只是这个'孩子'已经不是来自自然的生产,而是来自现代化的制造了!"

伊普罗说:"而且这个'母亲'也不再是只给我们讲述美丽的童话,而是要从小就告诉我们现实的世界了!"

杜力端起咖啡正要喝,无意间透过窗帘的缝隙看见外面漆黑的夜,"几点了?"

二、找不到避风港,真的要离开?

> 艺术是揭示真理的谎言。
>
> ——毕加索

伊普罗张罗着在杜力走之前,几个老朋友要聚会一次。

天还没亮桑姆就接到伊普罗的电话,"今天晚上到斯蒂文森家里来。"多余的话还没来得及问电话就已经挂断了。

晚上,桑姆刚进门就嚷道:"伊普罗,什么事?也不说清楚。"话还未完就看见杜力还有乔伊,"呵,你们都在这儿。杜力什么时候来的,伊普罗这家伙也不说清楚,倒真是给我一个惊喜。"

乔伊说:"谁说不是,我也是满头雾水就赶来了。文森呢?"他总是爱对别人的名姓再加以简称。

伊普罗说:"又在他的小房间里发呆。"

桑姆说:"我去叫他。"

杜力说:"千万别忘了下来,你们俩一见面哪还有时间观念!"

乔伊笑道:"最好别下来,咱们吃完饭再叫他们。"

伊普罗说:"不行不行,今天我已经订好地方了,就在咱们五个人第一次聚会的老友茶屋。一定要一起去,桑姆,快点把他叫下来。"

桑姆满口答应着上了楼。

乔伊说:"今天的日子不错,平民诗社又凑齐了。"

杜力说:"听说你做了一段游吟诗人,到处流浪,真没想到伊普罗居然能找到你。"

乔伊说:"当然了,罗是我与外界的联络基地,如果连他也找不到我,恐怕就没人能找到我了,包括我自己。"

伊普罗说:"没错,你经常醉卧街头,没我你还真不知道消失在哪儿了。"

乔伊说:"罗,我知道,这不是在夸你工作做得好吗!"

伊普罗故作反感状,"千万别夸我,最好你能把这个工作交给别人做。"

杜力说:"好吧,我来接替伊普罗。"

伊普罗大为感激,连声称好,乔伊慌忙说:"力,算了算了,哪能劳你大驾?"

伊普罗说:"他明白得很,除非到了中国,到时候恐怕你想推都推不掉这个光荣的工作了。"

乔伊呵呵地笑着:"我给你们讲讲我的这段经历吧。"

杜力说:"等等他们俩吧,我看还是咱们一起上去吧。"

三人推开门,斯蒂文森和桑姆在热烈地争论着什么,乔伊说:"力,你猜得真准,看来这么多年事情没有丝毫的进步和改变。"

桑姆回头说:"有,谁说没有,以前我们争论他画得怎么样,现在我们正在讨论他还要不要画下去。"

斯蒂文森说:"嗳,不是要不要画,是一定要画,也不是画得怎么样,而是要怎么样画。"

伊普罗说:"走了,到地方你们再说吧。"下楼时,伊普罗悄悄告诉杜力,千万不能接他们的话茬,只当没听见,说什么都听不见。杜力感慨道:"看来有些事情真的很难改变。"

桑姆是一个剧本作家,刚一坐下他就开始向大家介绍他的新剧本,"这个剧本很复杂,我先介绍一下整体思想,没有台词、没有道具、没有时间。"

斯蒂文森故作惊讶地问:"这个有意思,不知有没有人物?"

大家都笑起来,可是令大家更吃惊的是桑姆,他说:"你这样一说,我倒觉得可以考虑考虑,等会儿,让我想想。"说完居然真的沉默、抱头、苦思起来。

斯蒂文森看着其他几人,一脸无奈,"我可不是故意招惹他,只是没想到他已经到了这种境界,居然能随时进入创作状态!"

乔伊说:"桑就是桑,好样的,好好想。"

伊普罗说:"桑姆,好了,别让我们对着空空的舞台等着人物出场,即便你能找到你能理解的意义。"

桑姆抬头说:"我能找到的意义?我的实际目的是表达没有任何意义,为什么要有意义?"

乔伊点点头,"我讨厌自古以来的理性啦、本质啦、中心啦,好像我们只能给对象赋予某种意义才能谈论似的。再者说了,所谓的传统总在寻找什么统一,可是现实从来就是纷争。哪里曾有宁静的家乡?哪里曾始终怀有一颗理性的灵魂?哪里曾有我的中心?哪里曾有正常的生活?"

斯蒂文森说:"不至于吧,那你说什么才是正常的?难道是为所欲为?"

桑姆说:"为所欲为也是在意义的指导下,我的意思是理性并不是天然的可靠,自以为找到的意义如何才能是它自身?生存的意义也许可以说出很多,但是即便说不出也还要生存,而且也还要吃饭、喝水,这种本性的欲望不是比什么思想更重要、更有意义吗?"

伊普罗说:"可是我不明白你为何因此就要无意义。"

杜力说:"我倒觉得它们本身就是相辅相成的,至于生存当然会有很多条件,本性也罢,思想也罢,它们都具有意义,但类型不同。我们现在并不是一个封闭的年代,会禁止那些顺应人性的事,那么所谓本性欲望的意义本就存在于生命之中,何必说出。倒是那些思想的意义不被所有的人所知,我不知道人类这样自然地选择研究理性和思想的意义是不是恰好由于人类对此所知甚少的缘故。"

乔伊说:"力,你说的有道理,但还有几点我不同意。首先,你说现在不是一个封闭的年代,有疑问;其次,你说选择研究理性和思想的意义的理由,值得商榷;第三,事物都具有意义,我不太明白。"

伊普罗说:"乔伊,什么时候变得这么有条理了,诗人说首先、其次、第三难道不用带上修辞的意义!"

乔伊说:"罗,别忘了我还是一个真正意义上的音乐人,逻辑性强点很正常嘛!在这上面我是讲意义的。"

桑姆大声说:"乔伊,你说什么?你一会儿这样一会儿那样,你还弄得明白吗?"

乔伊说:"我当然是彻底反对加之于我的种种枷锁,包括任何历史可能遗留给我的。不过呢,我们现在要说话、要讨论,当然还是要有条理吗!"

桑姆说:"你这样是不是真能做到你追求的,真令人怀疑。你在非理性中难道就不能说话了?"

乔伊说:"能说,可是他们不懂呀!"

桑姆一时间无言以对了。

斯蒂文森说:"你还是先说说你刚才提的三个疑问吧。"

乔伊说:"好吧,力说这个时代不封闭,这要看从哪个角度来说了,至少我以为这是代表所谓正常人的观点,还是理性为指导的,那些所谓的疯子就没有任何权利。"

桑姆说:"有被关禁闭的权利。"

乔伊又说:"而且即便是对正常人的'不封闭'不也是在一个大的环境下表述的?"

斯蒂文森说:"什么叫'在一个大的环境下表述的'?"

乔伊说:"就是说正常人也同样受到社会政治、权力、制度等限制,甚至是从思想上加以限制,也可以说,所谓的正常人正是符合这种限制的人,而超出这个范围之外的统统被称为'疯子'。你们千万别忘了,古时候疯子可是理性达到最高峰的状态!"

伊普罗说:"有这种说法吗? 我看倒像是你自己杜撰的。"

桑姆说:"别管是不是杜撰的,你自以为是正常人,可是你设计的那个什么'上帝之塔'的奇怪建筑,不也被人称为'疯人塔'吗?"

杜力奇怪地问:"什么'上帝之塔'? 我怎么没见过? 伊普罗,也没听你说起过。"

斯蒂文森说:"你可能没注意,就是市中心东面不远处的一个细高细高的建筑,只能一人上下,到了上面只能体会寂寞和孤独。"

伊普罗说:"这样才能最接近上帝嘛!"

桑姆说:"你看,你其实也知道理性是不够的。"

乔伊说:"其实每个人都会带有理性与非理性、传统与反叛的特点和情绪,反对理性并不是要取消它,而是反对将理性作为中心、作为本质。"

伊普罗说:"斯蒂文森的创作不也正走向情绪的表达吗?看来这倒是一种趋势。"

杜力点点头说:"时代的孩子。后两个疑问又作何解释?"

乔伊说:"你说研究思想的意义可能是因为所知太少的缘故,我倒以为你这种看法是将理性天然地当作接近事物本质的方法,可事实上理性并不是从来就占据着中心地位的。理性的地位正是在现代思想的领域中得以确立的,而且非理性的声音从未消失过,只是在历史的某个阶段,出于某些偶然的因素,理性才将非理性赶到了幕后。"

斯蒂文森说:"你说的偶然因素指的是什么,能举个例子吗?"

桑姆说:"社会对待疯子的态度就是出于历史的偶然因素。"

伊普罗说:"什么意思?"

桑姆接着说:"疯病并不是历来就被当作疾病看待的,有人研究过,欧洲麻风病结束后,大量的麻风病院的闲置,促使政府决定将其用来收治疯子,也正是这种偶然的决定使理性成为唯一的正常,而非理性成为疾病。可是,所谓的疯病不过是在非理性的状态下的表现而已,在历史上理性与非理性并不是历来就对立的,可是当这样做出区分以后,它们之间的对立竟到了水火不容的地步。而实际上真正是疾病并需要加以治疗的疯病数量要少得多。"

杜力说:"所谓疯病也许的确是非理性的一种状态,或者说是一种理性极少的状态,但将之归于一个偶然的政府决定未免又有些简单化了。不过,你的意思我是明白了。而且按照这样的说法,无论是历史、哲学还是其他人文学科,传统的方法和观点就有很多站不住脚了。"

斯蒂文森说:"我看不是很多,而是全部。将历史归于大的事件,将哲学归于大的概念体系,相比之下这些路都变得华而不实,甚至缺乏真正的人性关照了。倒是从细小处展现一些微观的事件,研究一些细微的概念更接近生活和每个人了。"

乔伊说:"是呀,据说你绘画的路子正在做这样的转变。"

杜力说:"事情往往是已经做了却仍不知其中深意,人生就是这般,有几个人能知道其中深意。"

伊普罗说:"这话说得有理,茫然一生的大有人在,可更悲哀的是此人还不自知。"

桑姆说:"不自知岂不是能减少点知道的痛苦。"

乔伊不同意,"自知未必会痛苦,我倒以为会变得超脱、坦然。"

杜力笑着点点头说:"快走到道家的境界了。"

伊普罗说:"还有一问呢?"

乔伊说:"那一问是什么?提醒一下。"

斯蒂文森说:"好像是每件事都有意义。"

乔伊说:"对了,就是这个问题。我一时还没明确想到解释,就是觉得这话未免太绝对了。"

伊普罗说:"我看人就是一个具有意义指向的动物。否则,真不知都在做些什么。"

斯蒂文森说:"如果什么都不做呢?而且在我画画的时候并没想着这个作品一定要具有什么样的意义才去画它。"

伊普罗说:"可是你只要去画,这本身就说明你有意义指向,否则你为什么要画而不是不画?"

乔伊说:"那这样只能什么都不做了,当然我是说追求的是不要任何意义。"

杜力说:"你都已经有追求了,还说无意义,我看有追求就是最大的意义。"

桑姆这时生怕乔伊又说出更不着边的话,"乔伊已经喝多了,恐怕是想作诗而不是讨论问题了。"

斯蒂文森说:"作诗难道不需要意义指向?"

桑姆灵机一动说:"你的这一问问得好,现在乔伊作诗还需要找什么意义吗?已经成了语言习惯,是语言在述说而不是乔伊在作诗,诗自己并不需要给自己什么意义,如果说人的行为的确有意义指向,诗的行为总可以没有了吧!"

杜力有些惊讶地说:"你的意思是说诗自己行动而与作诗的人无关?"

桑姆得意地点着头说:"咦,就是了。"

乔伊自己也有些不解了,"那,那,那你的剧本呢?"

斯蒂文森也问他:"你的文字呢?不仅有意义,我看还是理性的结果,难道文字会自己走路?"

桑姆居然点着头说:"正是如此,事实上我以为所谓文学就是字符的自我流动,字符的流动自然形成了文本,而文本既没有结构,也没有中心,甚至没有本质。"

伊普罗说:"那你说的文本到底是什么?"

桑姆说:"你看,是你们自己总要追问什么意义,其实我也不知道,它是自己,我也不是文本。"

伊普罗说:"可是文本是你创作出来的呀!难道你会神秘地告诉我们是字符不经意地控制了你的手和笔和纸?"

乔伊说:"还要有书桌什么的!"

桑姆对着乔伊说:"我可是在帮你解释。"

乔伊摊开双手,一脸无辜地说:"我也要向真理说话,何况这也是帮你理清思路嘛,错了可以改正,对了我们也长些见识。"

桑姆说:"你们这样理解就太狭隘了,我在创作的时候并不是每个环节每个句子都由我来控制,是字符自己寻找出路,当然要通过我的大脑、我的手、我的笔等等,最重要的是,文本出来之后,我不知道它们所表达的与我是否有关,甚至读者也不会知道这些字符表达的是什么。"

杜力有些迷惑了,这听起来好像文本竟成了一个怪物,而且比一个具体的怪物还奇怪,因为你可以看见具体的怪物并判断它是一个怪物,而面对文本这个奇怪的东西,你不仅不知道作者创作了些什么,也不知道这个文本到底想说什么,甚至到了连读者自己也不知道自己看见的是什么的地步。杜力对自己的迷惑感到很不好意思,轻声问道:"那,我们不看行吗?"

大家相互愕然地对视了一眼,哈哈大笑起来。

桑姆也笑得前俯后仰,喘了口气说:"你们再好好想想,我说的并不是无稽之谈,当我们试图确定字符的意义的时候,往往会发现其实并不是如此,甚至当我们仅仅是想确定字符的意思的时候也常常会发现字面之下的隐喻——而这些隐喻并非创作者的意图,这与比喻不同,甚至是作者有意设计的隐喻本身在这种可被看见的隐喻之外还会有另一种隐喻——这个隐喻的隐喻是属于作者还是读者?"

杜力说:"既然能被看出来,当然就是被某人看出来,这个人不是作者自然就是读者,难道不是?"

桑姆说:"按理说,就像你们说的作者创作作品具有意义指向,而且意义指向应该是一定的,就是说应该是作者知道的、选择的,即便有隐喻在里面大概也就一层,高深点的有两层涵义。然而我们看到的完全是另外一种模样,当字符排列好以后,作者也会从中发现自己意想不到的东西,甚至每次看都会有不同的理解。我想说的是,这些所谓的深意是属于字符本身的,而不是创作者和读者。最后强调一点,这些字符本身没有任何意义。"

平民诗社的五位成员一起沉默起来,像是纪念某种久违的情绪或者是理性——那是多年前他们第一次相聚于此的时光和回忆。

最后,乔伊就像往常一样提出每人都要作一首诗或将自己最喜欢的诗说给大家听。结果一致评出杜力说的最能代表当下的现实境遇,并说将来的一切也可以以此结束。

杜力引用的是:假作真时真亦假,无为有处有还无。

三、"太虚幻境"的秘密,真的是欺骗?

> 假作真时真亦假,无为有处有还无。
>
> ——曹雪芹

后来斯蒂文森又问杜力一个奇怪的问题,他说自己听说中国有一种分类方法:

将动物分成:(1)长着细尾巴的(2)皇家的(3)语言中的(4)诸如此类的(5)初生的(6)会流泪的(7)野猫(8)带有臭味的(9)可数的(10)像树叶的。

杜力也从未听说过这样的分类法,"这是什么意思?"

据斯蒂文森的解释说这种分类法展现的奇异的思想体系正好是我们思想体系的界限。杜力的理解是也许这表达了理解非理性的一种途径。

五人在乔伊的提议下决定到他在游历时曾去过的一个地方探险,据说那里时有怪事发生,经常能回到过去,而且常能碰见古人鲜活地与你对话,甚至辩论,这实际上就表示存在另一种时空的可能性。而我们以往的时空观念都将彻底改变,甚至可能怀疑到我们身处的时空真实性。

五个人凭着乔伊的记忆和地图几经周折才来到弗涅尔,按理现在的信息非常发达,根本不必费什么周折,遗憾的是乔伊经常是在酒醒后才知道自己已经不在昨天待的地方了。到底是不是弗涅尔,乔伊也说不清,他说大概的模样就是眼前这个村庄。

遇到路人,乔伊首当其冲地打听:"请问这里最近发生过什么奇怪的事吗?"

路人奇怪地看着他,匆匆地走了。

桑姆说:"你这样问不把人吓走才怪,哪有到处找奇怪的事的人?你最好问清楚一点。"

伊普罗说:"我来问。"

又找到村里的人,伊普罗问:"请问最近这里是不是经常出现古人,他们还与当地人辩论?"

村人说:"没听说过,你们听谁说的?"

大家都瞧着乔伊,乔伊说:"别看着我,我真的听人这样说过,我自己当然不可能见到了,否则还用问吗?"

走来走去还是没人知道,只好退而求其次了,听说这里有一座山,名唤落霞山,风景不错,就去观观光吧。但是在途中问路的时候又听说这里有一个很深的洞穴,并且洞中还可能有地下宫殿,斯蒂文森的意思是时光隧道往往就在这种洞里,问他理由,他说电视里经常看到,最后又补充说不需要理由,此行本为探险,不找些可探的去处,仅仅是欣赏风景未免与初衷不符。于是大家决定先去洞穴看看再说。

走到洞穴边,没想到村里人听说他们要来这里探探很少有人去的洞穴,竟然早已聚了不少人等着看他们。斯蒂文森争着要自己在外等候,倒不是害怕而是等候的人要有一些探险经验,另一个有经验的伊普罗可以带着大家下去,另外一个原因是斯蒂文森觉得上面的景色更符合他作画的感觉,说白了不下去摸黑。

于是五人决定,伊普罗先下,然后是杜力、乔伊、桑姆,斯蒂文森留守洞口。

等了很久,什么动静也没有,斯蒂文森知道伊普罗跟着职业探险队锻炼过一段时间,像这样的洞穴不会有大问题的。看热闹的村人都陆续地走了,最后就剩下四个十几岁的大孩子了,而且还不停地讨论着什么。

他们其中的一个问斯蒂文森,伊普罗他们会不会出事,其实斯蒂文森自己也不知道,只能在这里等他们的信号。

另一个大男孩说:"这么长时间都没动静。"

斯蒂文森点点头,觉得这几个孩子的好奇心似乎像他们几个一样强烈,心想他们大概也不是当地的吧,就告诉他们:"这很正常,谁也不知道下去会遇到什么事!不过我一直对一件事感到奇怪。"

其中一个女孩问斯蒂文森是什么事,他说:"探险者总能找到稀奇古怪的地方,但是为什么当地这么多人居然没发现?"

第一个说话的男孩说:"也可能早就发现了,只是没觉得有什么值得探访的。"

第二个男孩说:"是呀,并不是人人都有很强的好奇心。"

刚才的女孩说:"其实这个地方我们早就知道,只是洞太深了没人愿意下去而已。你们不来也不会有人觉得这里面会有什么稀奇古怪的。"

另一个女孩说:"海丽说得没错,探险者的好奇与普通人的好奇是有区别的。探险者对所有没经历的地方和事物都想尝试一下,而不喜欢探险的人并不会因为遇到这样的地方而没尝试一下就感到后悔。"

斯蒂文森觉得刚才的女孩名字很好听,似乎听谁提到过,但又好像从未听过,自己也不知道什么原因,他点点头说:"你说得很有道理,应该就是这个原因吧。可是为什么有的人喜欢探险而有的人偏偏不喜欢呢?"

第二个男孩说:"你的这个问题可是太难回答了,就像我问你为什么有的人不喜欢探险而有的人偏偏要喜欢呢。"

斯蒂文森觉得这些孩子的思维比自己还快,而且很刁,他说:"大概喜欢探险的人都具有强烈的好奇心吧。"

第一个男孩又说:"有好奇心是可以肯定的,但是并不是所有具有好奇心的人都要喜欢探险,好奇心只是喜欢探险的必要条件而不是充分条件。"

叫海丽的女孩说:"这还必须排除包含其他目的的探险。"

另一个女孩问:"包含其他什么目的?"

海丽就说:"比如赚钱什么的,如果是为了赚钱就不一定非要有好奇心,又或者只是工作的一部分。"

斯蒂文森觉得他们会无休止地争论下去,赶紧说道:"噢,你们说得很有道理。看来你们是那种有好奇心但不喜欢探险的一类吧。"

几个人又唠叨了几句,又是第一个男孩说:"我们探的是人类的思维之险。"

斯蒂文森觉得更有趣了，"思维之险？怎么探？"

男孩笑着说："我要是知道就好了，我只是想而已。"

斯蒂文森大笑着说："有意思，我希望你们都能成为未来的思想家。"

时间又过去了一个多小时，还是没有任何动静。斯蒂文森也有点坐不住了，怎么连个信号也不给我？不会真的出事了吧！正在左思右想的时候，第二个男孩走到他身边，"我们商量了一下，要不我们几个也下去看看。"

斯蒂文森急忙摇头，生怕他们去冒险，尤其是现在几个同伴连点动静也没有，斯蒂文森就更担心了。"不行，不行，你们没有经验，不能去冒险。我看如果你们能帮忙照看一下，我下去找找他们倒是可以。"

第一个男孩说："正因为你有经验，才要守在这里。我们也不会走远，就下去看看，如果找不到他们马上返回。"

海丽说："毕竟我们对这里的环境更熟悉一些。"

斯蒂文森觉得也有道理，毕竟自己还能在后面把把关。

看着四个大孩子陆续下去了，一会儿绳子从下面晃动了几下，斯蒂文森知道他们都已安全着地了。接下来斯蒂文森只好继续像等待四位同伴一样再等下去了，这是他从职业探险者那里学来的素质。

大概三个小时过去了，斯蒂文森非常着急，老塔维特和几个村民也赶来了，老塔维特听斯蒂文森说几个孩子也下去了，倒并未显得十分慌张，斯蒂文森似乎还感觉老塔维特有些高兴，他想也许是对几个孩子的勇气感到满意吧。

老塔维特说自己多年前曾下去过,无奈之下,斯蒂文森只好答应老塔维特陪自己一起下去。

两人从洞口向里走了大约四五十米,隧道逐渐向左偏,越走越深,洞里越来越冷了,潮气越来越重。老塔维特忽然喊道:"斯蒂文森,这边。"

斯蒂文森回过头看见他刚才疏忽了一个又细又窄的小岔道,岔道仅能容一人慢慢挤过去,而岔道的那边是阳光。斯蒂文森说:"是出口吗?"

当斯蒂文森跟在老塔维特后面走进那片阳光之中的时候,眼前忽然变得模糊起来,渐渐地像是回到一个阁楼之上,自己坐在一个小板凳上双手托着下巴,愣愣地看着对面墙上的一块帆布,屋里显得有些阴暗。

这时听见有人没敲门就走进了房间,斯蒂文森想,这个场景怎么这么熟悉,来的会是伊普罗吗?混沌之中,一个模糊的身影——叼着一个烟斗,他走到窗前将窗帘"唰"地一声拉开了,光线扑面而来……

不知过了多久,斯蒂文森慢慢习惯了刺眼的光线,等他睁开眼时,竟发现自己身处一个平整的洞穴之中,最令人惊奇的是这个不小的洞穴就像一个大实验室,里面有很多各式仪器。而对面坐着自己的同伴——伊普罗、杜力、乔伊、桑姆,还有那四个大孩子。正想着怎么没看见老塔维特,就听到了他的声音,"怎么样,这次旅行还满意吧?"

醒来的谢洛德急切地问道:"这到底是怎么回事?"

老塔维特说:"你们别着急,听我慢慢说,本来我是设计用来给谢洛德、卡宾他们四个孩子做个试验,这种全息心理—心智—知识—思维四位一体的仪器可以根据进入者的潜意识自动设定主要人物和知识点,并形成一个故事展开的场景作为获得潜意识中最想得到的问题答案的背景。"

卡宾忽然想起什么,"爷爷,那以前我和谢洛德、谢洛丝他们碰见的奇事也是这样的试验吗?"

老塔维特笑着说:"那只使用了这个大型仪器的一小部分功能。"

乔伊这时说:"怪不得听人说这里有奇事,原来还真有这回事,不过不是真实的。"

杜力忽然问乔伊:"你说什么不真实?我不知道你指的是什么。"

老塔维特插话道:"你们几位探险者正好无意中来到了这里,我想也一定获得了各自的经历吧。还要多提意见呀,这个仪器还需进一步改进,最后理想的状态是能帮助人类在尽量短的时间里获得尽可能多的知识,而且还能因人而异,发挥自我在学习中的角色位置,以此达到最佳效果。"

海丽说:"那为什么不提前告诉我们?"

"有准备的时候就未必能最真实地反映出自己的状态和需求了,因为人会有意识地控制想法从而影响潜意识的发挥。"

谢洛丝说:"看来这项试验总是以'欺骗'开始!"

老塔维特说:"这是一个善意的欺骗,因为要获得最好的效果嘛!"

斯蒂文森说:"我不是刚刚进来吗?为何也有一番经历,而且最终恰好也是走进这个地方?"

老塔维特说:"咱们已经来了一个小时了,只是你不知道而已。其实每个人最终都是走到这里,你可以问问他们。这是这个仪器的一个设定,任何奇怪的事都会以现实结束。只不过在时间上有长有短。"

杜力说:"是不是必须等全部参加试验的人都按自己的方式在试验中走到这里才能完成?"

"是的,我和斯蒂文森进来的时候你们还在继续自己的旅程呢!"

夏天很快就要结束了,迎来的将是收获的季节。

杜力等人回去后都对这段经历感到回味无穷。

谢洛德、卡宾、谢洛丝、海丽将带着自己的收获走向未来,至少他们知道自己喜欢的是什么,知道将怎样面对自己的存在以及如何成为自己想要成为的"自我"。

新的一学期又要开始了,他们仍时不时地交流自己的那段经历,其中的含义和启示像是无穷的源泉,每次交流都能重新得到领悟和发现。谢洛丝回到东方大学后经常去向杜力请教问题,杜力顺便邀请谢洛德、卡宾、海丽还有老塔维特在下个假期时一定一起来中国转转,这里将会给他们带来更多的惊喜,东方古老文明和思想也将令他们获得更多的存在感悟。而且建议和平民诗社一起再进行另一种探险,当问起是什么样的探险时,杜力告诉大家他已经说多了。

老塔维特每次提及此事就会感慨:

中国的思想令人神往又令人敬畏,因为它——不易"上手"。

还没有哪一种哲学能像后现代主义一样渗透到社会的每个角落,而且被统称为后现代的思想恰恰是符合后现代的标准的,即无统一、无中心、无本质。它们要的就是异质、差异,似乎想要削平一切,使任何一点超越他物的苗头都别想冒出来。

它们不仅彻底地反对理性、中心、本质、体系等传统概念,甚至就连具有整体性、总体性的要求也抛弃了。那就意味着那些史诗般的历史将让位于一个精神病人的病史,意味着那些气势宏大的文学作品将让位于絮絮叨叨的几分钟的心理体验,意味着那些深沉的哲学体系将让位于琐碎的文本分析,意味着那些韵味深远的绘画将让位于色彩的情绪化表达,意味着那些场景华丽的舞台将让位于一个意象的展示,意味着那些力与美的雕塑将让位于似懂非懂的模糊,意味着那些编排得当的乐曲将让位于各种声响的混合……

这种时代的变迁最能令人联想到的是每个人的生命中不可追回的岁月,十年后很难做到十年前想做而未做的事,按理说不过是时间晚了十年而已,可是有些事就是这样,错过的就永不会再得到。

当大写的历史、宏大的哲学体系已经完结后,人类已经不太可能再构造出这样的成果了,强而为之的怕只能是模仿的"赝品"了。也许某个后来的天才能做到,但关键是这个天才也未必会选择这样做,这也正是时代变迁的题中之意。

因而我们应该珍惜伟大的作品,它们将不可能再次被人类拥有,因为生命只有一次,人类的历史也只有一次。

还需指出的是后现代思潮也是历史进程中的一个环节,它不是开始也不可能是结束,它甚至仅仅是一种尝试,还称不上灵丹妙药。人类纷繁复杂的问题,当然包括哲学问题还远未得到解决,但是在经过这样一段"探险"之后,大概能从中看到、感到某种生命力的冲动与热情,也许前途并未显出刺眼的光明来,但至少灯塔始终还在——它就是带我们走出黑暗的希望。

尾声　就在身边

其实人就是一个心理—心智—知识—思维四位一体的"仪器"（这个比喻也许过于机械了），只要愿意，他就能创造和获得无穷的答案和喜悦。

看似深奥的问题百思不得其解，而答案可能就在每日看见、听见、遇见的小事之中。当我们加以留意之后，我们关于各种深奥问题的意识就会逐渐加强，直到豁然开朗。这样的例子随处可见：中国的人多，到哪儿都要排队，但无论在你前面已先到了多少人，只要有办法维持一个先来后到的公平秩序，你就会心安理得地等下去，但如果没有人或没有办法维持这样的秩序，你就会非常焦躁，甚至很想乘乱挤到前面去。生活中的公平没有太多的大道理，也没有太多的理论问题，其实很简单，也很容易做到，只要都能像那位卖煎饼的姑娘就挺好了！

有一天我去买煎饼，比我晚到一小会儿的一位女士抢着说要玉米面的煎饼，卖煎饼的姑娘说："那位先生比你早到。"于是转头问我，这位女士自言自语地道："无所谓，我也不会为了一个煎饼争的。"我没多说，因为我感到了——公平，而这是在多少个大大小小的窗口前都未曾得到的。但令我想的更多的是那位女士在面对公平时，却带着情绪，她不知道自己多等两分钟所包含的意义。也许我该谦让，我以前总爱这么做，不过我渐渐地明白这时的谦让同样是忘记了"公平"的含义，我的谦让塑造的是我的品德，却娇惯了漠视"公平"的心理。当然，如果去争抢，简直就是对公平的亵渎了。另外，一个煎饼自然很容易做到"无所谓"，但如果是买房或者最后一张免费飞往马尔代夫七日游的飞机票什么的呢？这只差"一小会儿"会不会还能成为"无所谓"的理由，抑或是成为争吵，甚至大打出手乃至于对簿公堂的"有所谓"呢？

公平其实不需要别人给予，而是靠大家一起来建立的。

在这儿举个例子想说明的是，什么哲学了、思索了、深沉了等等，既不像表面上显得那么严肃，也不是自我陶醉式的做作，而就是生活中的一部分。并且，生活也并不在别处，而就在这里，就在此刻，就在自己的身上。之所以要强调的理由是，作为存在者的生活者常常忘记自己的存在、自己的生活，还不停地追问"存在为何物""生活为何物"！

后记　方法及其他

> 思考的目的，不在于客观的知识，
> 而在于客观知识领域中的一种自信。
>
> ——康德

　　看待哲学的眼光可以很多，其中哲学史是非常重要的，因为从中可以清楚地看到哲学思想的源流以及发展变化。但是通过哲学史我们看到的是哲学的整体轮廓，获得更多的是关于哲学的知识，而不是哲学的思考，所以哲学史可能比哲学本身更丰富多彩，这就好比在远处用"哲学史"这个望远镜看"哲学"一样，这其中有两个含义：一是指看到的"哲学"是全貌但不细致，二是指我们的眼睛首先看到的是望远镜——哲学史，而不是观察的对象——哲学。可见优点正隐含着缺点。

　　另一种看待哲学的方式，就是直接去看看哲学里面是什么。哲学史关注的问题并不完全是哲学的问题，甚至也不可能是哲学本身关注的问题，这就给本书用来讨论哲学问题的角度留下了空间。这种看待哲学的方式与"哲学史"最大的不同之处在于:"哲学史"描述的是哲学的整体历史,但还不是"哲学"本身,而我们还想知道哲学都有哪些内容、关注哪些问题、运用哪些方法、使用哪些概念、得出哪些结论、获得哪些成就、贡献哪些思想、创造哪些价值等等,这些东西是属于"哲学"本身的。不过这种方式也同样隐含着不足之处,如果像上面提到的"哲学史"是"望远镜"的话,所谓的"问题分析"就变成了近距离的"放大镜",这两种方法一个是大中有小,一个是小中见大;而本书正是采取了"放大"与"望远"相结合的办法。不过我们还需记住要时不时地放下"望远镜"和"放大镜",回到隐含着一切思想源泉的生活本身,以避免长时间使用"望远镜"和"放大镜"的同时,却错乱地把它们当成了要观察的对象(其实它们也能成为观察对象,不过那是另外一个主题了)。

由此试图做到的是:获得一些哲学思考的基础知识以及基本的哲学思考方式,并以此作为在知识领域中获得自信的理由。

当仰望天际时,我们不得不重整行囊,继续上路,毕竟我们离"他人"还很远,离自己也还很远。

再 版 记

这本书从出版以来已有多个版本,非常感谢读者的厚爱,不少学校和图书机构一直把它作为通识教育和哲学入门的推荐书目。的确,在撰写这部书稿的最初也是希望能有一本向大家介绍哲学(本书主要是西方哲学)的普及读物,不过书里的有些问题对于普及似乎还是有点偏难了,幸运的是大家也能接受这样的一点难度,其实对于爱思考的人来说,这点难度还是比较恰当的提升。毕竟,普及读物也不能过于简单,适当的一点难度其实是想让大家能有更多的自己的思考,是希望能提高哲学思维能力,而不是单纯地获得一点哲学知识。

借这次再版之机,我修改了一些字句,主要是让阅读更加顺畅,其中也有个别表述不太严谨和准确的地方也加以修订了。

最后,我还要感谢本书的编辑徐曙蕾,我们因书结识,并成为好朋友,我的多部书的出版都受到她的鼓励和帮助。同时还是希望有更多的朋友在这个浮躁的社会环境里,能放下焦急或者焦虑的心态看看这本哲学的小书,如果能因此喜欢上哲学的思考,并帮助自己舒缓内心,甚至找到自我的存在,那该是一件多么令人高兴的事!

孟云剑

2017 年 6 月 23 日

人 名 索 引

本书中人名索引按在书中出现顺序排列,第二次出现的不再列出,另：公元前略为前。

序言
帕斯卡(Blaise Pascal,法国)1623—1662 年

第一章
赫拉克利特(Herakleitos,古希腊)鼎盛年约前 504—前 501 年
克拉底鲁(Kratylos,古希腊)鼎盛年约前 440—前 435 年
芝诺(Zeno of Elea,古希腊)约前 490—前 425 年
庄子(Zhuangzi,中国)约前 369—前 286 年
黑格尔(Friedrich Hegel,德国)1770—1831 年
老子(Laocius,中国)生卒年不详,活动时期略早于孔子,约前 6 世纪
苏格拉底(Sokrates,古希腊)前 469—前 399 年
孔子(Confucius,中国)前 551—前 479 年
荀子(Xunzi,中国)前 313—前 238 年

第二章

毕达哥拉斯(Pythagoras,古希腊)约前 580—570 年之间出生,卒于约前 500 年

柏拉图(Platon,古希腊)约前 427—前 347 年

巴门尼德(Parmenides,古希腊)鼎盛年约前 504—前 501 年

亚里士多德(Aristoteles,古希腊)前 384—前 322 年

泰勒斯(Thales,古希腊)鼎盛年约前 585 年

阿那克西曼德(Auaximandros,古希腊)约前 610—约前 547 年

阿那克西美尼(Anaximenes,古希腊)鼎盛年约前 546 年

车尔尼雪夫斯基(Nikolay Gavrilovich Chernyshevsky,俄国)1828—1889 年

第三章

笛卡尔(Descartes,法国)1596—1650 年

康德(Immanuel Kant,德国)1724—1804 年

弗洛伊德(Freud,奥地利)1856—1939 年

叔本华(Arthur Schopenhauer,德国)1788—1860 年

克尔凯郭尔(Kierkegaard,丹麦)1813—1855 年

尼采(Friedrich Nietzsche,德国)1844—1900 年

柏格森(Henri Bergson,法国)1859—1941 年

第四章

萨特(J.P.Sartre,法国)1905—1980 年

孟子(Mencius,中国)约前 372—前 289 年

莱布尼茨(Leibniz,德国)1646—1716 年

第欧根尼(Diogenes,古希腊)约前 400—前 325 年

第五章

培根(Bacon,英国)1561—1626 年

塔斯基(Tarski,波兰)1902—1983 年

奥卡姆(Occam,英国)约 1300—约 1350 年

维特根斯坦(Wittgenstein,英国,奥地利裔)1889—1951 年

弗雷格(Gottlob Frege,德国)1848—1925 年

爱因斯坦(Einstein,美国,德国裔)1879—1955 年

欧几里得(Euclid,古希腊)前 330—前 275 年

牛顿(Newton,英国)1642—1727 年

伽利略(Galileo,意大利)1564—1642 年

休谟(Hume,英国)1711—1776 年

爱丁顿(Eddington,英国)1882—1944 年

费耶阿本德(Feyerabend,美国)1924—1994 年

达尔文(Darwin,英国)1809—1882 年

诸葛亮(Zhuge Liang,中国)181—234 年

马克思(Karl Marx,德国)1818—1883 年

第六章

白居易(Bai Juyi,中国)772—846 年

慧能(Huineng,中国)636—713 年

贝克莱(Berkeley,英国)1685—1753 年

第七章

荷尔德林(Holderlin,德国)1770—1843 年

顾城(Gu Cheng,中国)1956—1993 年

伽塞特(Ortega y Gasset,西班牙)1883—1955年

泰戈尔(Tagore,印度)1861—1941年

海德格尔(Heidegger,德国)1889—1976年

第八章

康定斯基(Kandinsky,俄国)1866—1944年

毕加索(Picasso,西班牙)1881—1973年

曹雪芹(Cao Xueqin,中国)1715—1763年

图书在版编目(CIP)数据

半知一解:世界经典趣味哲学 / 孟云剑著. —上海:文汇出版社,2018.4
 ISBN 978-7-5496-2460-7

Ⅰ.①半… Ⅱ.①孟… Ⅲ.①哲学—通俗读物 Ⅳ.①B-49

中国版本图书馆 CIP 数据核字(2018)第 037350 号

半知一解:世界经典趣味哲学

著　者 / 孟云剑

责任编辑 / 徐曙蕾
封面装帧 / 一亩幻想

出版发行 / 文汇出版社
　　　　　上海市威海路 755 号
　　　　　(邮政编码 200041)
经　销 / 全国新华书店
排　版 / 南京展望文化发展有限公司
印刷装订 / 启东市人民印刷有限公司
版　次 / 2018 年 4 月第 1 版
印　次 / 2021 年 4 月第 2 次印刷
开　本 / 890×1240　1/32
字　数 / 190 千字
印　张 / 9.25

ISBN 978-7-5496-2460-7
定　价 / 35.00 元